This Book Belongs To

_____

Thank you for your purchase! If
you enjoyed this book, please
drop us a review; it'll help small
businesses like ours.

Home Sweet Home 1

```
O  V  T  B  T  E  K  L  Q  N  R  P  Z  H  M  C  R  F
S  G  I  K  W  K  L  A  N  O  G  A  X  E  H  C  G  G
P  E  P  E  Y  S  U  A  H  F  U  H  A  M  J  W  F  C
I  V  S  U  I  Q  W  Q  Q  K  C  I  X  O  B  V  A  A
H  Y  Q  U  H  K  W  T  V  G  N  L  E  H  W  B  W  W
S  O  E  G  O  E  V  W  G  N  G  L  N  G  I  O  Z  H
H  S  U  C  U  H  O  W  D  T  D  S  G  N  H  I  S  F
T  O  T  S  S  T  M  E  W  B  D  I  L  I  G  B  M  G
R  O  T  N  E  M  T  R  A  P  A  D  I  T  N  P  V  C
A  L  V  W  F  O  Z  M  A  Q  Q  E  S  A  M  G  K  J
E  A  H  P  O  I  N  V  W  F  K  J  H  O  A  K  M  O
T  R  K  H  D  L  M  S  I  Z  E  P  T  L  K  P  U  G
G  E  O  R  G  I  A  N  T  O  T  M  U  F  H  A  B  Z
V  D  U  Q  M  D  O  G  O  I  G  W  D  R  Z  O  Y  F
W  E  J  E  K  S  G  Q  N  X  L  I  O  N  N  H  P  H
S  F  R  E  N  C  H  C  O  U  N  T  R  Y  Q  M  F  T
C  F  G  N  T  V  D  W  G  A  B  P  S  I  C  D  O  Q
R  T  W  O  A  F  L  U  D  F  U  A  J  G  U  W  L  T
```

APARTMENT	BUNGALOW	CABIN
EARTHSHIP	ENGLISH TUDOR	FARMHOUSE
FEDERAL	FLOATING HOME	FRENCH COUNTRY
GEORGIAN	HEXAGONAL	HILLSIDE
HOUSE ON STILTS	HUF HAUS	I HOUSE

Home Sweet Home 2

```
E I F A G R B V I P I R O Z Y T O T
M L R N P O Z X V K G S Z X P Y X F
A C P U I M T Z A F H V N V O Z D Z
R F R U I B L H V H H W D X N E C Q
F S H A Z D A H I M Y F B G D U C E
A A Q A F L T C A R U K I G S Y M
C I E U L T A N G R A W E E H P O
D W K S L S Y U O C E D T R A Q D
S N S I I I H M A E L V V H N X T C
P U W I O R X O A B W U B I X R F I
Y Y M N Y D W M U N E O H N V A B S
D Y R M P K D O J S S N P L B A N E
G N W E B O D A L J E T G L F K L D
Q V Y J M R B M I R N R A G A L X O
S R U E U B C P B S A A P N A W U E
T Y J W M N P K N C P K V A O A O G
G G J Q Z P O J E S A A J O L U E Z
E B R K H H I U N D J J E H J B W X
```

A FRAME   ADOBE   ART DECO
ART NOUVEAU   CRAFTSMAN   DOME
DOUBLEWIDE   GEODESIC DOME   GER
GOTHIC REVIVAL   HALL HOUSE   JAPANESE
LOG CABIN   LOW RISE   MANSION

Home Sweet Home 3

```
J U Q F L D L U S E Q L Y X I F H B R D L D D
G N Y C L U R S M Y Z I L P K U G O I C S W A
R O J D J B Q X P I V J R R Z B Y P O I M Y M
E P E F Y K R F G R I F T S W A A G X T Z F D
T V Y C B B H O Q D N K Y Z P R L D G S I E T
S Y H W O J J E W Y E O K D R A Y T R U O C O
U K Z P K F Q N O N N X H B N S B I R R R O U
L Q F F W T R F T J S H M C A R U K D Y O R M
C Z V U M N S I A G O T H I C W J G C R L Y B
M P H Y S U U L E L H I O R M E U O B A Q R E
I F Y J A M T A T N M U I N I M O D N R A B A
N I U H E K J D M Q D K M E E C O C A O K S C
S D U B D Z N E B U K L R O X U V H L P Y Y H
L A V I V E R K E E R G Y D W U X O M M E H H
B A I R C C A P E D U T C H G J Y P M E J B O
N S R D X M Q Z K X T K S T Q I A E P T V Z U
T T N H J I Y W I D Q Y T B X P T P W N U Z S
A J O O Z I I K Q A Q D C M F R O F E O U L E
D R X U F J K Q D T C H I M I V I M A C J X J
C G S S P P T M Y B U C B C Q L A U Z T J Z P
L L H E C Z A D J D A Y A J R H Y B I S N A B
N K X O B B V F U V K L T O W K S G I T D V D
A I M I A D E G J L F M Y T I O X E L P U D N
```

ASYMMETRICAL

BEACH HOUSE

CAPE DUTCH

COURTYARD

ENFILADE

BARNDOMINIUM

BIRD HOUSE

CLUSTER

DUPLEX

GOTHIC

BAUHAUS

BROWNSTONE

CONTEMPORARY RUSTIC

ECOFRIENDLY

GREEK REVIVAL

Home Sweet Home 4

```
J Q H L R E I V R P H Q O L J T J H K P U
Y X X F E S W O B F S V R R Y H M B U L D
E O Z N H S H J K T U R Y R C U X U D N Q
L N Z I R T P V C C F H O N D J H V L R C
W J A I H E E L T S A C A R C X I S L T M
M N B E D B D U I Q F R W X G Z N P A A H
H D P I N S V O X T G O K H I A Z A A O H
C N R R O A C O M V L C R F S Q W N G S E
B L E I O B R T B Y A E N K N X I I W X J
J M F A D Y Y R G P R V V H Z F U S B P B
R C A R R I A G E H O U S E Z L I H Y K J
T Y B P L V R C J T B M T Y L N W C M L T
G K R N H B O U F F I F H N G V W O C S K
E F I F O D K T E X V D O L E S O L F H M
U G C A Q K E N N A N E E U Q C H O N F O
K H A W D N O A C G Z F V M W G D N U F U
G X T T H B G M R A L U D O M C I W J T
C T E E T J M C L M T K M R Q B R A M U P
F T D I K O U F I A V C V I R J N L B S U
G X G K S H C L U Z Y K W H R Q I A R D Z
L O C S E O Y P L M R F Z X B Q S M G V E
```

CAPE COD
COTTAGE
MODULAR
QUEEN ANNE
SPANISH COLONIAL

CARRIAGE HOUSE
MEDITERRANEAN
PRAIRIE
RANCH
SPLIT LEVEL

CASTLE
MID CENTURY MODERN
PREFABRICATED
SINGLEFAMILY
TENTED

Shoe-larious 1

```
K E X F I S H E R M A N S A N D A L S M R U W
L U M G S K I P H K G I Q O M G L V Q A Z V G
C Z Q B U F B A L C A H G M Y L I J S Y F Z K
H Z W S E C Z V F Z K G G D H M B E I F U B T
I O R E I L H X J R U N U I Z S O Y H B D C R
S Y S I L B L S T O O B H G I H H G I H T L A
L E E L Y E V I S Q F R E V S W A A M E M V I
Y Y O L K R V L S M I W C G C L Q X G U Q B L
X J H E D D Z A R H B Y N L K N U H R L J W R
W H S J T Y M F T Y E I T S E H H D Z F D M U
S H S T N O J O G O V D R Q S V I G W S X H N
Y E I P I B A V E I R E S L B F L E A I U X N
Q Z N K N L C N R H D S E A P I G M O J N S I
D T N C I F E D M A W E H Z N D P A Z B Q G N
S B E A O N S T W U H R U O O D G N Q N C J G
X T T B I M G B T N T H R E F A D C S P B S
W B O E N F P B E O K B S X G S J L R E P H
S W K L C D L T O E S O T M R G I E S V Y I O
O U E C M M T T Q O S O H A I Q N T W L I Q E
V M W S E I Z Y K M T T H S Q I K I G N T J S
N E E A K R D C Y N J S G T A Y S Q K I O L Y
F U R M D V D L P U S H N R T M W H J E E V J
T V J V J W F B O X E C T A N J M N R Y T N E
```

DESERT BOOTS

EMBELLISHED SANDALS

JELLIES

TENNIS SHOES

TRAINERS

DRIVING SHOES

FISHERMAN SANDALS

KITTEN HEELS

THIGH HIGH BOOTS

VELCRO

ELEVATOR SHOES

HIKING BOOTS

STILETTOS

TRAIL RUNNING SHOES

WADERS

Shoe-larious 2

```
N G V T B R O G U E S D G L Z X I F L Z
M O C C A S I N S Z T F F W P C Z Z E A
C T A J K F E A N T O C C N I M G A R D
X G G C S E I T O O B E O T P E E P K
G B Q F O E T E Q T B O E V E R S D M C
S I K R U N Q R L L V G B V M L E M N S
Y Q J J R A H I B C H A M Y A R Q W P N
E D U G T J G D O X F O R D B O O T S I
D H H C S Y S I D P A I N Y N G J H O B
V V T O H R O N G E O A S Q L E U W L L
J O M B O A E G H S S H Y B Q G W R D R
F Z G O E M J B T M O P E R F F O C Z N
H H R S S U Q O R E Q J A V H D Z F E I
D V C I C N O O S R Z Q F D D C W Z H N
G M P Y E B F T X P X W P B R N Q R E Z
B Y C R N T B S G O L C H N E I V C P V
X P C I A F P D K U I E F H N E L W W Y
D B A L U Z M O N K S H O E S Q E L C G
Y R P A P V P R I Z Z N O S W K C B E R
H V P W D A V A Z Y S Y I L K A N V Q S
```

BOOTS
COURT SHOES
MARY JANES
OXFORD BOOTS
RAIN BOOTS

BROGUES
DERBY SHOES
MOCCASINS
PEEP TOE BOOTIES
RIDING BOOTS

CLOGS
ESPADRILLES
MONK SHOES
PLATFORM SANDALS
RUGBY BOOTS

Shoe-larious 3

```
I U S Q E O A T U C P K T K Q U B K B F T
X R A F S R A F Z Q H M T E Y T H C V X B
I X N Q U E C P H Q F U N F O M O N Q X L
Z G D U W S O O G B F W K Q Z X M S W S K
S S A O H S S H P W W L P K F L T H R A Z
Q G L Q W V T U S U B L X O A O Q E G O R
S Z S N S L O Q P E Z K R R O B P U M D S
C R Z P E P O X K N L D R B I E O Q H A P
C O W B O Y B O O T S D A C E O K O K Z P
N N M S H A T G T D Q E D R D J Z Y T N M
A X S F S L A D N A S K C A B G N I L S N
K P L B L T B X D L C L E Y S F V V K P D
N U R Q A C M O E S E I H Z U Z L E O O Y
P E U L M D O H X H Y G C S P M U P Y L L
W I G K R M C S T O O B L L A B T O O F D
B A B Y O S E O H S G N I N N U R S E P C
T D T R F J R P R I G B C T O X U M L I K
P E D G Q B B E K O I U G P F E L K L L W
A W F W V B X O T A Q V F X N R B S J F I
F W N Q Q S E O H S E T N I O P K D L F U
C P Q R U Y Y M B G W S D A A Q P X Y P E
```

BROTHEL CREEPERS
COMBAT BOOTS
FOOTBALL BOOTS
POINTE SHOES
SADDLE SHOES

CHELSEA BOOTS
COWBOY BOOTS
FORMAL SHOES
PUMPS
SANDALS

CHUKKA BOOTS
FLIP FLOPS
OXFORDS
RUNNING SHOES
SLINGBACK SANDALS

Shoe-larious 4

```
G  B  S  C  N  U  M  U  L  E  S  W  Z  T  T  X  H  M  X  R  X
U  P  S  L  A  D  N  A  S  R  O  T  A  I  D  A  L  G  E  D  Z
N  I  I  E  A  I  A  T  U  C  B  B  L  F  S  S  O  M  S  D  O
A  K  L  L  U  D  V  U  L  B  A  I  K  O  H  L  U  B  P  D  P
T  G  M  Q  U  G  N  B  M  X  L  Q  M  T  A  R  L  N  D  A  C
H  G  G  N  H  M  O  A  D  U  L  J  Z  F  G  F  O  X  X  C  Q
L  L  A  E  C  U  H  R  S  E  E  N  B  C  Z  E  E  M  N  V  B
E  E  O  S  T  T  T  B  Y  T  A  S  C  H  E  T  R  B  D  Q
T  V  Q  J  S  A  Y  Y  Y  E  L  Q  M  E  J  Z  P  Q  S  A  F
I  D  O  B  E  C  S  P  Z  L  I  L  E  K  O  O  G  F  U  C  P
C  I  H  Y  H  K  V  A  E  S  S  L  E  E  H  H  G  I  H  I  P
G  R  O  H  C  V  I  T  N  H  E  V  L  J  O  Y  S  F  G  X  F
T  G  D  P  A  J  F  A  C  D  M  O  C  I  J  V  J  F  A  B  G
M  T  C  N  R  L  U  I  S  K  A  Q  L  W  H  C  H  U  L  W  U
U  O  D  D  A  B  D  A  T  F  S  L  G  F  Q  G  E  Q  O  O  M
L  P  X  T  U  B  N  S  S  E  O  H  S  U  F  G  N  U  K  Z  G
O  J  S  V  H  D  U  D  D  H  N  R  T  O  F  Z  N  N  Z  B  W
Q  H  M  F  A  T  M  P  F  G  Z  H  X  R  S  P  P  V  V  U
H  F  C  L  Y  G  I  C  X  Z  W  T  Z  B  O  R  M  I  G  O  F
O  H  S  R  Y  F  V  Y  Z  Z  N  T  S  M  C  Q  C  P  G  G  K
W  S  G  W  P  C  T  A  U  A  M  Q  A  H  A  K  Z  S  S  J  V
```

ATHLETIC
BOAT
GLADIATOR SANDALS
HIGH HEELS
KUNG FU SHOES

BALLET
GETA SANDALS
GOLF SHOES
HUARACHES
LOAFERS

BALLET FLATS
GHILLIE BROGUES
HEELED SANDALS
JELLY SANDALS
MULES

Big Hair, Don't Care 1

```
Q U Z S W I W L O A J P Z A K T C I
P C P E V I H E E B X B Z P A P O I
S R R L K H I T S X L N S J T R R M
X O W L F T D Q S D W P E O R Z N D
A W D M L Q M F S P I K Y H A I R Q
F N Q A I Z M K D T C A B O B N O A
E B Y L P G H N D P K R R L R Z W X
E R Y O P A J E O F F T E B T W S H
Q A E R E U T L K R E D J W X O P L
L I H V D S Y J E E F V J E C O J X
P D J X O W Z N B N A A H K Q U B L
Z Y I R U B C G G C X E E F V E T Z
L Y F J T H R I A H D E R E Y A L R
B I T S B A N G S T U B I A P X C U
M N T R O E D S U W Y S C Z X I M V
M B A Q B I E F S I I H U H T M W V
S I W B A A P M U S N B R I V C W D
D Q L P J E S H F T H J L U U T E I
```

AFRO
BOB
CREW CUT
FRENCH BRAID
JHERI CURL

BANGS
BOX BRAIDS
CROWN BRAID
FRENCH TWIST
LAYERED HAIR

BEEHIVE
CORNROWS
FLIPPED OUT BOB
FROSTED TIPS
SPIKY HAIR

Big Hair, Don't Care 2

```
I  M  H  Y  F  B  U  J  F  Z  O  M  B  R  E  R  S  T  Q
P  L  E  G  G  A  F  E  U  A  A  D  L  V  X  J  T  D  X
N  D  L  R  D  G  G  F  T  R  F  I  J  E  T  W  K  F  G
W  U  E  I  V  Y  L  E  A  G  U  E  C  U  T  W  S  F  T
P  T  N  S  A  B  Q  B  K  L  D  Z  R  J  U  N  E  T  S
H  C  W  W  K  T  Z  E  X  D  O  A  N  W  W  P  U  E  L
M  H  C  F  P  C  Y  C  N  Q  L  U  N  O  X  Z  V  O  J
I  B  T  E  W  A  O  N  U  O  B  Q  D  H  J  A  I  U  B
T  R  X  A  X  X  H  L  O  R  P  F  B  T  W  M  K  K  K
N  A  Z  T  Y  O  I  V  D  P  L  V  G  R  A  G  Q  X  K
A  I  J  H  W  V  M  G  M  A  H  Y  E  W  Z  W  X  K  M
F  D  X  E  P  J  E  X  H  M  E  G  H  V  P  U  Y  Q  O
F  E  V  R  M  W  C  P  I  Q  N  R  I  A  F  D  Y  W  N
U  D  Q  E  V  A  U  Q  T  I  L  B  D  H  I  I  A  O  W
O  U  U  D  V  F  T  W  F  A  C  G  H  C  D  R  N  P  O
B  P  A  H  L  J  Q  Z  B  N  L  O  T  T  W  G  T  V  N
M  D  A  A  M  X  H  Q  I  F  M  R  P  J  I  U  Q  Y  S
U  O  H  I  S  T  H  G  I  L  H  G  I  H  H  F  W  Y  H
G  P  D  R  L  O  W  S  J  A  F  V  C  J  R  N  Y  Y  R
```

BOUFFANT
CHIGNON
DUTCH BRAID
HALF UP HALF DOWN
HIME CUT

BRAIDED UPDO
CURLY HAIR
FEATHERED HAIR
HIGH PONYTAIL
IVY LEAGUE CUT

BUN
DREADLOCKS
FINGER WAVES
HIGHLIGHTS
OMBRE

Big Hair, Don't Care 3

```
Y  K  N  P  M  Y  E  K  C  D  R  Z  U  L  L  X
P  M  I  Z  T  V  L  E  O  Z  U  I  T  R  K  Z
P  A  E  U  J  O  L  C  H  P  N  E  R  M  N  I
Z  K  G  S  N  A  T  U  R  A  L  H  A  I  R  X
D  M  L  E  S  O  D  Y  B  L  I  T  Z  E  J  G
H  V  P  O  B  Y  J  Q  U  I  F  F  O  E  V  Z
T  U  C  L  W  O  B  M  R  U  X  Y  R  G  F  D
E  B  U  L  O  P  Y  U  G  N  C  X  C  N  M  C
J  M  N  L  W  N  O  C  N  J  E  I  U  I  V  C
W  P  O  D  R  D  G  N  A  R  R  V  T  R  B  Q
B  E  V  H  A  O  A  H  Y  S  W  Y  Y  F  D  K
W  J  V  P  A  Z  X  T  A  T  C  L  P  L  P  E
B  C  M  I  Z  I  P  P  S  I  A  E  D  L  Z  M
M  O  H  A  W  K  R  B  X  W  R  I  N  U  V  S
P  I  X  I  E  C  U  T  J  M  U  Z  L  F  A  Z
B  A  L  I  F  F  Z  U  E  W  K  J  Y  G  H  O
```

BOWL CUT	EMO HAIR	FULL FRINGE
LONG HAIR	LOW PONYTAIL	MESSY BUN
MOHAWK	MULLET	NATURAL HAIR
PAGEBOY	PERM	PIXIE CUT
POMPADOUR	QUIFF	RAZOR CUT

Vroom Vroom 1

```
G  B  R  H  R  B  H  Y  B  R  I  D  N  D  X  D  O
Q  C  E  D  P  W  U  X  E  I  D  K  W  Q  M  S  W
N  A  P  K  V  Q  I  F  V  Q  I  K  T  F  L  M  U
O  Y  M  I  N  I  V  A  N  V  R  S  X  K  S  U  O
Q  B  U  X  C  T  V  H  F  A  B  J  X  E  D  S  Q
I  W  F  H  R  K  Q  E  C  O  Y  W  D  R  G  C  M
H  L  G  D  E  J  U  C  T  S  H  A  K  A  A  L  E
T  W  E  B  V  D  I  P  R  R  N  C  O  C  T  E  S
Y  P  E  Y  O  S  L  G  T  C  I  C  I  E  M  C  J
L  E  L  J  S  E  C  C  O  R  G  P  D  U  I  A  B
L  L  S  A  S  J  V  M  O  K  U  P  S  Q  Q  R  H
F  U  L  E  O  W  P  W  W  U  L  C  F  I  S  T  L
S  C  I  U  R  A  J  Z  F  G  P  X  K  T  L  X  M
S  D  H  I  C  E  L  B  I  T  R  E  V  N  O  C  E
Z  P  Y  T  K  R  I  D  M  H  W  M  G  A  S  G  A
J  W  O  L  O  V  C  K  C  A  B  H  C  T  A  H  K
R  M  Y  K  C  I  R  T  C  E  L  E  G  X  X  L  K
```

ANTIQUE CAR
CONVERTIBLE
DIESEL
HYBRID
PICKUP TRUCK

CLASSIC CAR
COUPE
ELECTRIC
MINIVAN
PLUG IN HYBRID

COMPACT
CROSSOVER
HATCHBACK
MUSCLE CAR
SEDAN

Vroom Vroom 2

```
I  L  E  X  O  T  I  C  C  A  R  A  C  O  R  C  I  M  K
R  A  S  O  W  D  H  P  R  W  E  K  K  Y  I  M  Y  C  T
B  O  M  H  K  O  Y  Q  M  F  R  A  C  Y  T  I  C  G  C
E  N  F  B  C  Z  R  B  Y  E  R  H  U  B  K  E  L  X  T
Q  P  X  F  U  X  E  F  I  R  E  T  R  U  C  K  N  D  O
L  S  Q  R  R  L  M  H  X  R  T  F  T  S  U  V  W  C  R
H  V  P  F  T  O  A  Q  H  I  S  M  E  R  R  D  J  P  M
W  M  T  B  L  Z  A  N  J  Q  G  R  G  J  T  N  A  S  R
S  S  W  F  A  U  R  D  C  K  A  K  A  F  D  C  H  I  G
J  S  I  X  T  M  X  A  V  E  R  E  B  P  O  B  C  O  B
P  Y  N  E  S  T  I  U  C  E  D  A  R  J  O  J  M  B  M
B  A  O  L  O  Q  Z  I  R  E  H  H  A  Z  F  U  H  T  X
T  X  Q  F  P  S  L  X  L  Y  C  I  G  A  S  C  X  C  Q
I  R  T  H  K  J  X  Y  G  G  C  I  C  C  D  O  B  Q  A
F  F  T  K  R  D  B  W  D  G  S  A  L  L  W  I  U  R  Q
G  Z  Z  A  B  L  H  L  U  U  G  E  R  O  E  V  R  D  E
Y  Y  F  Z  U  T  V  J  L  B  C  P  X  V  P  K  U  E  A
L  T  I  I  R  W  J  F  P  A  P  H  I  D  Q  W  O  H  U
Z  I  M  Z  C  K  C  U  R  T  M  A  E  R  C  E  C  I  F
```

AMBULANCE

BUGGY

CITY CAR

DRAGSTER

EXOTIC CAR

FIRE TRUCK

FOOD TRUCK

GARBAGE TRUCK

ICE CREAM TRUCK

LUXURY CAR

MICROCAR

MUSCLE CAR

OFF ROAD VEHICLE

POLICE CAR

POSTAL TRUCK

Bookworm Bliss 1

```
M D S X A N O A T D W L J K K A Z K H Q E L L
Z C Z O N O V A K L D N H F C N U O S T V R K
N M K C V N D C C D Z Y D J G T D Y G L N F V
T M G Q R F W T Y T O N Z O W U N O Y U E G K
B I W Y V I Q I W R C S X T S O E L C C V Z M
Z M Y P C C D O A B R J V P E P N Q L Y Q E X
A G P D K T Y N F K I E B N O M T P S J M G E
J Y X Z L I F A F G R O W T W E E A Y O D R Z
P K I O G O I N A U F F G N O I T C I F H F O
L G O C V N I D W S V D S R C N K R U Q W U A
F P Y F L B S A G L U B X J A P B W Y C B K I
V Q Z C X Y Z D U Z M Q N F C P C O S A X I L
D U L I R V P V B T R N S R K O H N T I F Z M
V R D D P G S E O J O D E Q N I P Y U R S N Y
N R H J O D H N Y B R B Y N S X E T I K W V B
B A Z L R J X T E P R F I T W K S L F N D A U
Z F W L B H O U C N O R O O Z H K M G R D R Q
I K X I B P Y R N E H R D C G B E J A Y I G Q
R N Z H Q D J E A B Y Q W N W R S M N Y I N I
C Z E C E C B W M A V Y K W Q E A G W E V I A
M S S M E S S W O S S T Y M F G E P U K L S Y
S K O O B S N E R D L I H C D Q U J H M T C P
A C H Z D U Y C Q O Q Y E M Y S T E R Y X Z K
```

ACTION AND ADVENTURE   AUTOBIOGRAPHY   BIOGRAPHY

CHILDRENS BOOKS   COMEDY   DRAMA

FANTASY   FICTION   HISTORY

HORROR   MEMOIR   MYSTERY

NON FICTION   POETRY   ROMANCE

Bookworm Bliss 2

```
H  M  B  A  A  S  Y  E  M  N  H  N  C  U  Y  L  S  M  Y  Z  A  X
L  G  I  W  G  I  N  Q  A  W  B  L  R  B  H  L  E  P  H  X  F  M
H  F  C  P  Y  H  P  A  R  G  O  T  O  H  P  D  N  A  T  R  A  K
V  J  R  J  X  C  O  E  Z  W  O  F  K  L  O  L  V  N  P  J  B  R
U  M  B  O  I  H  O  I  U  U  I  G  B  O  S  D  I  Z  Z  O  H  Y
M  L  S  L  Z  K  W  X  T  C  J  M  A  T  O  P  R  D  B  Q  N  G
I  U  G  R  A  P  H  I  C  N  O  V  E  L  L  E  O  Q  R  P  C  M
A  S  V  X  S  G  G  F  I  C  Z  D  E  C  I  A  N  X  D  U  Z  C
V  K  G  G  A  R  E  L  I  G  I  O  U  S  H  G  M  X  H  U  Y  O
L  O  P  X  N  D  M  B  A  K  P  Z  K  X  P  D  E  U  U  N  E  M
P  O  L  I  T  I  C  A  L  B  O  O  K  Z  A  K  N  Q  P  G  G  I
D  B  A  Y  H  J  Q  G  G  K  O  Q  L  C  Q  D  T  X  P  H  T  C
R  K  A  T  R  S  K  O  O  B  L  A  N  O  I  T  A  C  U  D  E  B
N  O  E  I  O  X  P  O  S  S  X  A  E  W  I  G  L  K  X  T  B  O
V  O  N  K  P  R  B  C  T  C  Q  Y  I  I  L  Q  B  Y  P  X  Z  O
S  C  U  Q  O  M  I  W  A  P  S  Y  C  H  O  L  O  G  Y  X  Z  K
G  L  T  G  L  M  R  W  Y  M  I  Q  T  I  K  A  O  Y  D  W  Z  Z
Z  D  R  I  O  B  U  S  I  N  E  S  S  B  O  O  K  I  C  X  O  N
A  E  F  N  G  Z  E  C  H  Z  D  C  X  S  L  Z  A  U  G  T  Q  B
S  I  O  Z  Y  K  K  X  T  X  F  N  H  P  U  I  T  R  L  G  S  X
N  C  I  P  M  M  O  N  L  K  K  O  O  B  C  I  S  U  M  N  J  Q
E  A  Y  U  Q  I  O  K  P  C  R  L  X  Q  Z  F  P  M  A  V  G  B
```

ANTHROPOLOGY   ART AND PHOTOGRAPHY BUSINESS BOOK
COMIC BOOK   COOKBOOKS   ECONOMICS BOOK
EDUCATIONAL BOOKS   ENVIRONMENTAL BOOK   FILM BOOK
GRAPHIC NOVEL   MUSIC BOOK   PHILOSOPHY
POLITICAL BOOK   PSYCHOLOGY   RELIGIOUS

Bookworm Bliss 3

```
K Z L S Y P S I V V V E F B P P P L M R E M
V C G E H O F B U J V G L H F N K U S Y H Z
W Q B U H E V I T O M O T U A D C V R N E V
P B U H L F A T T X N I L K R W O A Y R G O
F Q A H Z T Z L L N E N E Z U O N T D J L I
Z S V L L P S T T R E R A Y Z O U H N L Z W
R I L A W G C I R H B S U X I A N I F X Y E
K I S R V A H R B K A Q S T E D D X T E L V
E K N L E H L Q U Q V N C B C Y K H K P A L
I B O T K N I M I E D I D X R E U A R T N T
Z Q M Y E X C B A W D N E W H Y T G K U O U
T B F E S R M Y Z N A N H P E Q H I S M I H
S V G D G B I Z C N A P S X H L I J H H T Y
J B H P R I M O O L G C G O Z Z L N U C A D
E H P M J J D I R N O N C I V B O N S D R V
V S X W Z H W J D I P I X B V I F E I I A
K H S A O S O N J N E W E T E D P O R S P R
S V N C A S W Q E D Q S D D N B J F K Z S L
N F G F Z Q S D R U B D I I I E D J E F N O
N H O L H J R K E F S C F G X A R C R K I D
D I S S R A Q Z W K O O B D N A H A E Z S X
A Q D A G U Z U J P L J X S E M Z E P U W O
```

ALMANAC

ARCHITECTURE

ATLAS

AUTOMOTIVE

DICTIONARY

DIY

ENCYCLOPEDIA

FASHION AND BEAUTY

FITNESS

GARDENING

HANDBOOK

HEALTH AND WELLNESS

INSPIRATIONAL

INTERIOR DESIGN

PARENTING

Furniture Finds 1

```
P X M O K B X M V H H Z E C N N X T M
W X M F F P M P R E I B U E D Q Z M J
N U H E N D T A B L E C L Q I C B J A
C O N S O L E T A B L E B L N T D K Z
H T U K F C N Z G Z K U E P I H N V E
Q N E G H C I N Q I C Q T N N H A E L
H L N N R W B R Z P A Y U B G Y L B B
F N A H I J A P C V Q A A F T B S K A
W O M C A B C E T P H L K I A R I B T
J L O J H R A F S Y Y I I T B M N B T
S I T M C S N C V A T B E B L G E X E
M L T X M W I C Y T C E A X E Y H H F
G U O C R W H D G A F K S L M D C E F
R O L O A R C T Y F L W O Z Y T T B U
B K P H T C Q E O Y X P I O U N I N B
W L T D Y S G C P C Q Y S H B F K D R
S R B I A S R I A H C G N I N I D I F
K Y P K Y W O A W P T C K Z D S A K X
N E Y V J N G H B J X Y Q J L C Q N V
```

ARMCHAIR

BAR STOOLS

BED

BOOKCASE

BUFFET TABLE

CHINA CABINET

COFFEE TABLE

CONSOLE TABLE

DINING CHAIRS

DINING TABLE

DISPLAY CABINET

END TABLE

HUTCH

KITCHEN ISLAND

OTTOMAN

Furniture Finds 2

```
M O B T D Q H P I P T Q S D Y G Q S B
P E X B R O D Q E D K I O Q Q X E G M
M S K J K S A H J B O Y I T B V O H N
C N G S X R I A H C K S E D I Q S O S
W N E D G E O U L M Q R W F M A H J M
L D E A N W E L A H F V Q Z O X R S J
F C R P Q A N C R L J Z A N I T N D H
U O I J X R T C G O F O C B K I M L L
O F O A Q D F S V H U X F C E M D B R
P H M T M F V G T C B C X L P H H O O
S C R I S O M R A H O R B R B T L O R
S D A L J T E T J C G A N J B Z C K R
E I B O Q S O D T O T I T T A N R S I
R C U E S E S O A L V O N R B X K H M
T H B E N H D D L R M V Y O A O R E S
T E R J N C D A X E Z A N J E C A L G
A D L M N B H U T T N P J R C S K F Y
M X Q Y I L S R P B U K M E F Z O H H
T K X Q F I L I N G C A B I N E T R E
```

ARMOIRE

BENCH

BOOKSHELF

CHEST OF DRAWERS

COAT RACK

DESK

DESK CHAIR

DRESSER

FILING CABINET

FOOTSTOOL

HALL TABLE

MATTRESS

MIRROR

NIGHTSTAND

POUF

Furniture Finds 3

```
T Q E J K E P W D R L T V H V F K S I M
M B H X I S M P I R S U M M M H M W C D U
H N A V E N E M O T I P N O U Y C S R W
E Z T Z I G N D C R Z L B G C C D H C T
A B P G M L N H R B U N K B E D M B X N
R V M M C E B U I E I O U V Z O X R L J
T G O U K T D X O U T Q F K E G M F B S
H J S R G N M I H L D U W Z F F V Z D G
R W N P A A H U A K E P V Q X R C M D
U S F H R M L E K C U S D M K U A T M R
G C Z Y I E D L D U O O I F O T B W A U
B X Q B W C A O X O T N M A L C E E Z F
A G T E F A Y V K N L V S P H W M Y N O
T I J D D L B E J R A J A O D C O O E I
R X L B Y P E S S M D F V Z L T H D D H
L O F T B E D E N Q S H A N O E J T E N
D J G G G R I A H C E C I F F O B I R O
Q U B E M I U T O P D Q Q J R Q O U C L
C H Q G J F U T O N F N N C K C N V R J
W R B N E E R C S E R I F I R I W B P A
```

BUNK BED

CHAISE LOUNGE

COMPUTER DESK

CREDENZA

DAYBED

FIRE SCREEN

FIREPLACE MANTEL

FUTON

HEARTH RUG

HOME BAR

LOFT BED

LOVESEAT

MEDIA CONSOLE

MURPHY BED

OFFICE CHAIR

Road Trip 1

```
K  C  L  O  S  E  N  P  J  F  I  R  F  M  R
P  G  J  L  Z  Y  U  H  P  O  J  W  Z  D  W
M  G  I  R  U  J  A  N  W  L  D  F  A  L  Y
Z  S  B  I  C  Y  A  W  E  E  R  F  L  C  S
C  K  Q  O  I  T  Y  T  R  V  V  C  I  Y  B
X  G  U  V  U  L  T  O  S  O  A  I  D  B  N
S  R  I  M  L  L  M  N  N  U  T  T  R  Y  E
T  J  C  U  L  D  E  S  A  C  H  O  D  D  L
G  S  N  O  J  Z  S  V  Y  P  J  I  M  A  C
E  X  P  R  E  S  S  W  A  Y  H  E  N  S  R
S  T  Z  A  O  E  C  R  W  R  Q  E  P  H  I
W  C  W  L  Q  A  K  E  H  B  D  A  C  Y  C
N  R  P  L  W  W  D  K  G  C  U  N  V  D  P
J  M  Q  E  A  J  Y  H  I  Y  G  R  B  S  G
B  K  T  Y  W  K  X  X  H  T  C  Y  P  A  J
```

ALLEY   AVENUE   BOULEVARD
CIRCLE   CLOSE   COURT
CUL DE SAC   DRIVE   EXPRESSWAY
FREEWAY   HIGHWAY   LANE
MOTORWAY   PARKWAY   ROAD

Road Trip 2

```
N G O A S M R I R D X G Y C P E E L V X T P
P P G C G U F B B X F Q C T K M A Z Q K U W
H I O Y I L C J Y G L H N Y G I O K C S V M
S L G C C L G X W C U E P T G J H Y H W D V
O U S L N R A E A T C D P O Z D U G J F E U
V B K E I Y W U Y S Z A O U H D Q Q L C L X
D R Y W X N S X E D A O R S S E C C A F I F
V Q X A K E C R W N F R I A M A T L Y G R E
K P N Y W A C Q B S P E M H T A P T O O F Q
X A K A X H S V S Q L C N X X A L D N E T S
E B Y I X F G V M Y N I Z D J V L T K E U S
C U L V J G F I A E T V I X X D A X D M X Z
B F H L S F M V H H X R F G B G R A A I L D
W I L A B K Q A N D T E Q H E T R Z T E Q J
L I M I T E D A C C E S S R O A D X G E S B
G T V U F F D C T M K D O D P S C O W G K P
C C Q C B C M T E A G A I O T A H S G B T K
A X F X L Q V W R E D N Z V S Y Q L J H Y Y
M Z G A J A S S N Q I K Z W I Q X J Y M A E
C L R A E H N S S H H K J L P D L A I H U O
A F Y N G O V E R P A S S N N T F Z C Y V J
Y Y E M I Z T F E C F G Z A F D S R S Q L U
```

ACCESS ROAD

BYWAY

CAUSEWAY

CRESCENT

CYCLEWAY

DIVIDED HIGHWAY

FOOTPATH

FRONTAGE ROAD

LANE

LIMITED ACCESS ROAD

MEWS

OVERPASS

PARADE

PLACE

SERVICE ROAD

Flower Power 1

```
A  Q  R  E  Z  I  L  I  T  R  E  F  P  O  U
Q  F  I  Z  E  Y  T  G  P  A  U  O  P  E  I
S  K  S  R  D  A  T  L  S  R  L  Q  F  Y  F
V  Q  V  U  T  H  G  I  L  N  U  S  D  G  V
I  D  L  V  G  H  C  O  G  A  E  N  L  H  B
N  X  X  L  C  L  C  S  N  D  A  O  I  K  B
S  M  W  Q  O  F  G  Z  I  R  V  X  D  N  G
E  L  R  W  M  X  N  C  T  E  J  Y  T  G  G
C  V  Z  B  P  T  I  L  S  R  Y  Y  N  T  W
T  F  C  V  O  T  H  O  E  D  A  I  S  V  P
S  M  S  J  S  O  C  Q  V  V  T  K  E  B  O
Q  C  F  E  T  J  L  N  R  N  O  S  E  O  H
D  G  P  E  M  N  U  K  A  L  F  H  D  K  Q
Q  Y  R  W  T  E  M  L  H  A  N  E  S  B  D
M  Y  L  Q  A  S  P  U  O  G  K  H  D  T  Q
```

COMPOST
HARVESTING
MULCHING
PRUNING
SHOVEL

FERTILIZER
HOE
PESTICIDES
RAKE
SOIL

GLOVES
INSECTS
PLANTING
SEEDS
SUNLIGHT

Flower Power 2

```
G  H  S  I  Y  D  R  I  D  G  Q  V  R  B  R  N  Q  L  R  C  B  R
K  U  V  R  V  O  O  P  S  W  H  B  F  H  N  T  Z  J  D  Y  D  S
F  C  W  R  S  E  D  O  N  L  C  E  E  Q  A  B  P  H  P  A  D  F
S  Q  C  I  S  Q  G  Q  C  E  O  M  R  A  D  Z  Z  D  X  F  P  L
A  L  G  G  H  C  P  B  R  Y  O  O  U  B  Y  K  Z  Q  I  L  K  K
Z  B  I  A  O  K  W  H  F  N  Q  W  T  E  S  K  W  S  U  T  X  Z
T  M  M  T  R  E  P  G  G  Q  K  W  I  N  L  Z  E  G  C  J  E  G
G  I  V  I  Z  D  L  N  A  L  V  U  N  F  E  X  Q  N  E  O  S  P
A  C  Z  O  S  L  E  B  A  R  H  Y  R  K  I  D  J  I  C  P  U  M
R  C  Q  N  Q  D  T  N  S  Y  D  A  U  T  N  Z  R  P  D  Q  O  E
D  E  E  V  R  P  K  O  D  Q  T  E  F  K  W  W  P  A  W  Y  H  N
E  N  O  A  T  C  E  S  I  E  C  A  N  U  I  W  U  C  G  R  N  V
N  L  G  H  R  G  J  H  M  C  C  K  E  P  U  N  U  S  O  A  E  B
D  R  D  Z  D  A  B  E  I  S  R  O  D  J  L  I  M  D  X  X  E  S
E  R  U  T  P  L  U  C  S  N  E  D  R  A  G  O  I  N  F  I  R  M
S  S  Q  P  B  U  H  N  U  W  T  T  A  A  I  C  T  A  L  S  G  Q
I  N  H  B  F  P  A  O  C  B  C  A  G  D  T  L  Z  L  O  I  Z  P
G  H  B  T  L  F  B  M  A  W  O  V  L  B  W  I  M  S  W  Y  O  K
N  A  I  Q  U  Z  J  E  K  T  K  X  F  G  S  V  O  N  E  P  A  C
R  G  L  T  Y  D  C  B  J  H  M  S  Z  Y  K  X  D  N  R  R  Z  K
D  E  B  N  E  D  R  A  G  A  R  D  E  N  A  R  T  Z  S  G  W  R
M  L  S  T  N  E  M  A  N  R  O  N  E  D  R  A  G  P  O  A  C  M
```

FLOWERS

GARDEN ART

GARDEN BED

GARDEN DECORATIONS

GARDEN DESIGN

GARDEN FURNITURE

GARDEN GNOME

GARDEN ORNAMENTS

GARDEN PLOT

GARDEN SCULPTURE

GARDEN TOOLS

GREENHOUSE

HERBS

IRRIGATION

LANDSCAPING

Artistic Adventure 1

```
B  B  R  U  S  H  S  T  R  O  K  E  R  R  T  E
Z  T  C  E  P  A  L  E  T  T  E  F  O  S  L  M
D  H  W  L  A  C  T  E  Z  L  Z  O  L  I  U  N
B  M  N  R  K  R  V  U  Z  E  S  A  O  K  U  Y
T  U  M  X  S  Y  G  M  R  S  Z  E  C  I  C  Q
L  H  W  S  P  L  U  M  E  A  T  Q  N  F  Z  E
J  N  A  P  L  I  Q  G  A  E  T  V  N  L  K  R
B  C  J  F  D  C  G  T  A  C  P  I  W  C  X  A
Q  X  F  E  I  J  B  M  Q  A  A  H  O  A  L  Z
Q  J  M  E  R  Y  B  R  E  M  I  R  P  N  O  H
T  L  U  P  K  H  T  Y  L  N  N  D  R  V  B  Y
K  S  T  T  E  L  P  U  P  W  T  F  W  A  R  L
Z  H  Q  N  S  U  O  I  J  C  I  X  S  S  U  J
W  G  U  S  X  M  H  L  D  T  D  A  O  K  S  Q
Q  V  S  H  S  M  O  U  K  O  F  D  L  C  H  U
X  J  W  I  U  M  Q  O  G  G  O  K  H  B  I  I
```

ACRYLIC	BRUSH	BRUSHSTROKE
CANVAS	COLOR	EASEL
GESSO	HUE	MEDIUM
OIL	PAINT	PALETTE
PIGMENT	PRIMER	SATURATION

Artistic Adventure 2

```
H B S J R Y V C D W D U N G P H R P T X K E M
P N E X L P Q S M Q Y W T R A T C A R T S B A
K T F S P M E W K S M R E D F S H I Y E X X H
I M P R E S S I O N I S M D J Z P N U F R C I
P M O Y K U A G M E C H G A B V L T L I U M L
J K P N F S Q U N G H H J A X P E I I N Z S X
O W O A O C F I K I J Z Y A U R I N Z K J I Y
A B F R S C U F N W D B X Y W A N G C G N N Y
W Q H D U T H M R H O N L J C Z A S X N F O C
T Q O M M C O R P Q C K E Z R Z I U L I P I Q
Z U R A Z Y S A O K V E L L F W R R P T J S X
E F V H J V A O S M I L T F B V P F P N Q S C
C O I W F N T D R L A L A G X B A A O I I E T
T Z E Y P T I N Y A P T V Q N M I C R A U R N
P Q L G B P S Z C M I K I X P I N E T P R P Q
V G T V P C B V M F B H Y C G N T W R D G X M
L Q K I S M J I N B P U C L I X I N A N C E B
L N F Q W K Q I W R N O A M B K N K I Q M E Z
H I P T O E I K E V K Z Z Q M R G R T A F T H
X E B F F X R W S N I S H C Q B E J B H P C W
X J U E P A C S D N A L A J I Y X P I H I L H
W W G H T W H Q G E X I B G A K S L G Z M V C
E D Q V H D P K L U K L C L G X D G M Z A Z L
```

ABSTRACT ART
EXPRESSIONISM
IMPRESSIONISM
MONOCHROMATIC
PAINTING TECHNIQUES

BLENDING
GLAZING
LANDSCAPE
PAINTING KNIFE
PLEIN AIR PAINTING

CHIAROSCURO
IMPASTO
LAYERING
PAINTING SURFACE
PORTRAIT

Haute Couture 1

```
A  I  X  Q  N  S  K  H  A  T  L  J  X  K  M  E
W  C  S  C  O  D  K  L  A  U  A  L  U  E  W  B
A  F  R  S  E  M  U  S  P  B  N  O  N  F  V  L
F  E  I  S  E  I  R  O  S  S  E  C  C  A  D  Z
D  O  I  T  U  R  R  Y  A  B  L  W  L  S  K  K
Q  G  O  O  R  C  D  C  G  O  V  S  B  H  X  D
N  A  G  T  M  I  F  B  T  E  M  T  R  I  K  S
W  N  L  L  W  Y  H  H  I  S  Y  M  V  O  H  Q
L  K  J  E  L  E  I  S  F  U  X  V  D  N  W  D
P  E  N  T  W  N  A  F  T  O  A  P  I  O  P  T
O  N  A  S  G  G  X  R  U  L  J  Q  U  P  A  R
Q  P  S  C  A  R  F  Z  O  B  J  I  C  T  N  P
D  J  D  Q  K  B  Y  Z  E  J  A  C  K  E  T  S
U  R  A  P  X  D  V  W  W  D  V  V  V  T  S  L
M  J  Y  X  A  P  I  L  B  N  L  T  R  W  Q  U
B  K  Q  Y  M  R  K  I  E  N  H  E  F  S  O  A
```

ACCESSORIES	BLOUSE	CLOTHING
COAT	DESIGN	DRESS
FASHION	FOOTWEAR	HAT
JACKET	OUTFIT	PANTS
SCARF	SHIRT	SKIRT

Haute Couture 2

```
E  L  Y  T  S  R  I  A  H  K  B  G  Q  H  U
H  Y  R  J  M  X  E  N  K  U  K  Y  T  H  B
C  N  F  Y  S  S  D  A  E  B  E  C  A  W  G
G  A  B  D  N  A  H  I  E  H  P  I  S  Q  L
Q  X  N  D  O  G  T  L  E  B  R  Y  N  T  O
L  O  E  E  T  K  E  P  O  C  X  W  A  H  W
M  C  P  N  T  M  Q  O  O  F  Q  E  A  O  B
W  M  U  I  U  I  U  L  J  U  B  I  Y  W  L
N  O  E  M  B  R  O  I  D  E  R  Y  J  A  Q
H  V  K  S  Q  R  W  S  S  C  W  O  C  N  T
P  F  A  V  A  S  G  H  U  F  H  E  U  B  X
G  V  M  S  Y  W  Z  T  Q  I  B  B  L  E  I
Z  I  R  I  D  E  J  Y  E  Z  E  R  O  R  E
I  V  C  I  R  B  A  F  X  Q  Y  L  A  T  Y
E  R  E  H  T  A  E  L  K  P  B  V  U  E  O
```

BEADS	BELT	BUTTONS
DENIM	EMBROIDERY	FABRIC
HAIR COLOR	HAIRCUT	HAIRSTYLE
HANDBAG	JEWELRY	LACE
LEATHER	MAKEUP	NAIL POLISH

Air Traffic

```
Y B B O E R Q J Y M Y R L G J H A A S P W W K F
K E K R E F E J Y I H U F C Q J F M E Y X T Z H
C B O E X N F K G J P K P T H H G J N M M E
F M D T N K W O I M G B S L V T E U U F B N P R
I E D P H W D E Z L M A W E I E T B W R V C E P
U N H O W E G R I D R Q I V K J Q Q T Z J R A K
M G B C A A U D R O R I A R K E F D I Z M H O D
F L O I Y E E C L E E X A M T T F I M D G A D J
Y O H L Q R T B K T T M N L N A I Q F H V Z G I
F J N E K O A E Y B P S W Q A V N G Z R O P E M
N O A H N S N C W O Z U I H I B K Z D B K N Q
M M V R O A F A T T C O C D F R C S E V J P O B
E H B E R T L L Y O I V Y E P P R R F R W V R Z
N N G G E I A P S W L I E W W O J E E P D R D D
W C O N T C B O S P E Y L X J H R C L M R D V P
U B B E P P A G W U H B U Q S D F C I B M B B N
H V F S O L I R X N O U B U F S I X C Q B O K E
Y R R S C A T A W B G I L B Y A F C B Z O P C A
J M Z A I N I C R S R P B U S I N E S S J E T G
Y R U P L E A O P H A U T I A I R B N C Z F P H
D M O O E S U N D C Z F L H C Y M A V U Z F F
V B U S H P L A N E F A W L C P F G A U E C X P
E T M O G T P J X E C N A L U B M A R I A H B C
P L P A K K H K L B K R Y F Y Q N A R V C L M M
```

AEROBATIC PLANE

AMPHIBIOUS PLANE

CARGO HELICOPTER

CROP DUSTER

HELICOPTER

AIR AMBULANCE

BUSH PLANE

CARGO PLANE

DRONE

PASSENGER

HELICOPTER

AIR TANKER

BUSINESS JET

COMMERCIAL AIRLINER

GLIDER

PRIVATE JET

Ctrl+Alt+Delete 1

```
Z P G H V I H I Y G T R G Q W D P E Q D R
R M O A A Y Y C M U D E X R R B Q E X F V
L U K T U Y T F I C D Y D U O Y M M Y K F
I A C A P G P T K M P P S V P A P K V F B
G A L D B A M Y C N E R R U C O T P Y R C
J N O G C D L E J R O N W H E Z K W S Q U
W I U I C U G A N B H T I E N R T L S Q Q
V A D B R Z B C O T E N B D O D G O S R L
Z H C D G Y K T B N E X L W H R U Y K E F
B C O R I G I H R L C D T T P K A E V T A
V K M C D C N E E Z Q E R Z T D A G C U J
P C P F S L T A Z X N O Q E R C J Z N P C
D O U U O N R C Q Y Q W A T A D M L Z M U
G L T O I N H W W P O A R B M L Q F X O D
U B I Z I E M A I L X J M Z S Q I X R C S
G G N N D O P E R A T I N G S Y S T E M K
H C G X O S N Z I D H W F L W Y T B Y S B
K L T T M I W B N F W S S Z T P H U F R J
F F W T U U X T K K Y A M F B E U P I E S
Z O F W B V C N D G N E R H A B D A R A V
P Y X E K I R P I Q K E N E Q R F S B C L
```

AUGMENTED REALITY
CLOUD COMPUTING
EMAIL
LAPTOP
OPERATING SYSTEM

BIG DATA
COMPUTER
HARDWARE
MACHINE LEARNING
ROBOTICS

BLOCKCHAIN
CRYPTOCURRENCY
INTERNET
NETWORK
SMARTPHONE

Ctrl+Alt+Delete 2

```
M  Y  Y  L  A  M  Z  O  E  L  G  R  M  R  L  I  Q  M  R
Z  D  W  B  T  N  E  M  P  O  L  E  V  E  D  P  P  A  U
N  T  D  O  Y  P  P  G  A  M  I  N  G  J  A  Z  E  L  X
V  P  B  U  B  M  U  Q  A  L  G  O  R  I  T  H  M  W  R
R  M  M  A  T  R  Q  P  F  E  N  O  R  D  A  C  O  A  C
K  W  L  D  G  D  E  Q  W  Y  V  X  B  C  E  M  H  R  L
A  U  F  V  N  G  P  L  B  M  O  P  L  O  N  G  T  E  S
K  H  Y  T  I  R  U  C  E  S  R  E  B  Y  C  N  R  X  J
P  Z  B  H  K  P  C  Z  Y  O  K  O  N  M  R  I  A  O  U
W  K  E  G  C  X  L  J  G  G  W  Q  S  F  Y  D  M  F  F
P  Y  Z  B  A  Q  L  R  B  Y  U  J  H  U  P  O  S  U  P
K  V  G  Y  H  E  A  D  S  E  T  N  C  E  T  C  W  K  A
G  B  D  G  O  M  W  O  M  X  W  O  S  Z  I  A  Z  Z  C
V  K  X  A  M  J  E  H  K  X  N  G  Z  S  O  S  J  R  Z
I  I  Z  I  X  E  R  P  C  S  V  N  O  N  N  Q  J  K  P
P  I  N  K  L  A  I  C  O  N  T  R  O  L  L  E  R  C  W
A  G  H  K  R  V  F  L  J  I  Z  M  Y  R  Z  Z  W  D  I
G  R  G  X  U  A  E  Q  D  Q  G  M  W  U  L  N  R  D  S
K  Q  H  Z  D  H  O  S  A  Q  F  F  P  O  O  U  J  H  S
```

ALGORITHM
CONSOLE
DATA ENCRYPTION
GAMING
MALWARE

APP DEVELOPMENT
CONTROLLER
DRONE
HACKING
PROGRAMMING

CODING
CYBERSECURITY
FIREWALL
HEADSET
SMART HOME

Ctrl+Alt+Delete 3

```
G P C F O W S T M U H Z L R F P W N S N I
S L U B O I G D U D C N A S S K W D G S U
M O B I L E D A T A F H M H T Q M L U P B
H X G S D E G N R C M Y O O N G O D S D C
P E L N X O E T F Q N R B Y E U B P N E Z
Z P R T I A O M Z T O W I J M O I M A G O
Q A A P C G D Z J W O D L C Y J L N O J H
S D L E R U A Y S T M X E V A C E H V A C
N B A A L Q T S Z I Y E M T P A H G R R R
I C P C A I A C S J G J A H E N O E I G O
S H P V F S B J M E E A P B L J T O B U Y
Y X S C R H A O E J M I P E I L S T A Z R
E L T V A T S F M F J T I G B J P A O F P
J R O Y X R E S D V M H N B O L O G Z K E
N S R J E M R K Y B V I G A M K T G D H P
S Y E V U N E I J T R U W F T S J I I W W
H T M I X E D R E A L I T Y D S T N W F J
J T N G N I M A O R E G I M Z A N G I F V
B W B P X O F E F M N I W T L A T I G I D
O V R L T D G Z E A L C M U E W J K W N K
P S H Q R K H R L U Y B X I Y Z X M Z C P
```

APP STORE
DIGITAL TWIN
INSTANT MESSAGING
MOBILE DATA
MOBILE PAYMENT

CARRIER
GEODATABASE
MIXED REALITY
MOBILE HOTSPOT
NFC

CARTOGRAPHY
GEOTAGGING
MOBILE APP
MOBILE MAPPING
ROAMING

Ctrl+Alt+Delete 4

```
B U P S H H I U D K Z X V D I I H Y T Z J A Q
E U C Z E Y C V J T U N T S C R Z T B Y X E W
V M Y L V L V Y X E J Z E V E T L B V W K E O
Y Y C A L V C C G W S R I N W O Z V M W Z W Z
Y K S N C D J I M O B F G K C Q V M O G K F Q
X G G M W Z T K H R L N Q A R M S E B U K X I
W O N O K H C X R E M O T E S E N S I N G W A
B W I F E M D N M S V I N E N O H P L L E C S
U P P U Z V B M S O O S N H E X B X E M T E C
K W P P F B C D S N B S U T C F Y B P J B Q E
G P A W K F C T T H Z I A O T E K H L A T H L
H F M E X X L R Z F T M L W M N T Z A P L F L
A W R N B E A B C R B S N E B O M O N J D K U
O B O T L C T Z A K G N Q O N Z N X I B M T L
N M O S K F P U T L V A W I H E J O D B R V A
S L D I I D H Z Z G T R L N I D T S T J J M R
P Q N C K M K W A Z R T Z D J M C W Y U S M T
A G I O Q A C X F A V A S C Q M W X O B A R O
W D Z Q S V O A L Q J T D T H K R Z H R Z W W
S P R B T N J E R S Y A K I T V E M D S K P E
E B A K M L K V U D E D C U L U E D O Y J R R
W Q N R B T H P Q T U Y R U G X V M D L S M X
J E F T S D H Q U Z G H K N A O A A D D W S C
```

AUTONOMOUS VEHICLES BIO TECHNOLOGY CELL PHONE
CELLULAR TOWER DATA TRANSMISSION INDOOR MAPPING
LIDAR LOCATION TRACKING LTE
MDM MMS MOBILE NETWORK
MOBILE PLAN REMOTE SENSING SIM CARD

Ctrl+Alt+Delete 5

```
D H P T X U D K U A O S J M G J N Y U S L D
W A W A C V K S E A R C H E N G I N E R C K
D U T Y N L C C C G Z L X C I J H R N G C T
K J I A B T P M D B B D E I W Y M Z Y B D C
R W X B B L I J D D F M X F Z R N Z D P H L
H U I C Y A U V O W U D W F S F E G Y N A O
R Y C T O X S J I L K Y Z O C X M O K O C U
D Q C L Q M M E A R B W C T Y F Q N H H P D
F W A F F R M T Z G U A D F M E G L D H U S
L U I F U K O A K W M S E O J C M T W E K T
E L O H A R F Z N H I N S S E W K E S P C O
B M I A L O U L P D O S H O A Y E E L D A R
L O A N F C P X K H P K Q R F U V H N R B A
Z K G I U T Z O P S U R Z C P T X S U O A G
O I Z M L X P O V K C N O I R K W D L D T E
T A K X N C R C G L C A O M A T C A Z A A S
Z T D Z P C L B L W I Y N X P M X E R B D Z
D D V S I K R I W I R O D N R T D R U E S D
A Y A M Y O Q W E F E W E E E Q A P K L V H
A O K P P B F D Y N V N Q R R R R S P K X U
B R B F X J A C K Y T A T Y X N L H H A X B
D K I H V C O V D N P M K T P W D L I F S B
```

ANTIVIRUS SOFTWARE
DATA BACKUP
EMULATOR
MACOS
SCANNER

CLOUD STORAGE
DATABASE
FTP CLIENT
MICROPHONE
SEARCH ENGINE

COMMAND PROMPT
EMAIL CLIENT
LINUX
MICROSOFT OFFICE
SPREADSHEET

Ctrl+Alt+Delete 6

```
H  M  X  E  Z  D  H  K  W  O  Z  N  O  A  E  Y  V  H  A  V
H  W  R  V  M  T  V  W  K  X  N  D  D  Z  K  Z  J  X  Z  B
C  C  J  I  Y  I  Q  E  X  C  R  I  E  B  C  X  O  I  K  C
Q  L  T  R  K  A  Y  B  L  A  T  Z  M  D  T  Q  Z  C  G  P
X  T  C  D  W  B  H  M  O  U  S  E  S  C  L  M  A  R  R  A
F  G  F  L  O  P  J  B  E  I  C  Y  O  Z  I  J  W  I  A  P
D  X  S  A  F  Y  R  V  A  O  U  A  L  P  O  A  N  F  P  V
M  K  R  C  T  E  Q  S  K  T  Q  S  I  I  R  T  Z  P  H  T
N  D  P  I  H  Q  E  M  L  R  X  D  D  A  E  O  L  A  I  X
O  G  C  T  I  N  U  Y  L  P  P  U  S  R  E  W  O  P  C  N
F  L  O  P  B  F  P  D  M  M  A  R  T  E  D  T  B  G  S  X
J  M  G  O  N  K  C  R  Y  V  E  O  A  V  K  G  M  U  C  I
C  P  R  S  Y  S  T  E  M  S  E  T  T  I  N  G  S  F  A  F
O  A  E  I  O  N  E  P  P  R  F  I  E  R  D  F  P  I  R  D
K  G  F  T  A  S  F  G  X  D  N  N  D  D  Y  Q  S  A  D  H
J  X  I  Z  V  D  T  I  P  A  K  O  R  D  T  R  Y  W  Y  K
F  A  C  W  X  T  U  C  V  H  T  M  I  R  R  E  B  E  E  U
N  Q  D  D  J  H  A  V  C  U  J  H  V  A  Z  X  C  K  X  V
W  O  E  E  L  B  A  C  T  E  N  R  E  H  T  E  I  A  W  X
C  K  X  C  H  M  S  Q  H  H  R  S  X  Y  R  F  P  S  K  E
```

AUDIO JACK
GRAPHICS CARD
MONITOR
OPTICAL DRIVE
RAM

CPU
HARD DRIVE
MOTHERBOARD
POWER SUPPLY UNIT
SOLID STATE DRIVE

ETHERNET CABLE
KEYBOARD
MOUSE
PRINTER
SYSTEM SETTINGS

Ctrl+Alt+Delete 7

```
L N H O A F J O O N L X U A T M A N Q K L S A O
A A A X Q H J W H T D G I W W B Z H M B Q B A X
J B K W D S M R Y K I N D Y N H H T D L N X V R
N L W M K C W S V U I V D Z Y F A O H D E V D R
B R I R R P L G D Y I U F H I S R O H I F T Z F
A T H C E T E L B A W E N E R Y R T F S Y H S N
Z Z G L X N G Z H E Y A C F U K E E I G S P G X
A R Q B F L E X T E Y Q N T H H T U O M K D N U
J Y R S Y G A W Z U Y S O L D D U L N T J N I V
X D G G F G B L A S K C I T K R O B D L P C H V
H S V N E I Q F J B X W T L X N R G I B Y W T L
X T S D M A U F G R L W A U H N C J F Q V E F P
L C Z R W Z I M U T E E V C O Q O C P C M Y O N
T V B I O M E T R I C T E C H N O L O G Y D T X
U X R T J K Y G S Y J T L N W B P Y D R D H E H
N D K B A M K J G B N V E L E R S E H C D E N S
U L M I M Z M O W E B P L Q U R C S L S I D R L
S A T E L L I T E J G N A X U L G P B X J R E T
H O D D Z S L R T N V G T L E B Q Y S X H D T T
F O R V D G G Z P O K M I Q L E V O D W E D N Y
M P L Y N C E Z S T Q W G Y T Z O N Z X H S I R
A K G D A N J M G K Y O I H C K B A V J V U Z U
T R O P Y A L P S I D X D X B P Q D S Q Q E M A
O S W N P G N I T U P M O C M U T N A U Q B R I
```

BIOMETRIC TECHNOLOGYBLUETOOTH   DIGITAL ELEVATION
DISPLAYPORT   GPS   GREEN TECHNOLOGY
HDMI   INTERNET OF THINGS   MODEM
QUANTUM COMPUTING   RENEWABLE ENERGY   RENEWABLE TECH
ROUTER   SATELLITE   USB

Sea Sponge 1

```
U  G  X  J  Z  P  Z  N  Z  C  P  A  N  L
K  S  P  Y  U  K  C  A  A  I  U  G  V  M
K  E  D  R  N  W  O  R  E  T  T  O  F  U
R  A  L  E  F  I  G  W  A  J  J  K  C  S
A  L  B  T  H  D  R  H  M  B  E  Y  U  S
O  D  S  S  R  O  O  A  L  S  L  J  N  E
J  A  H  B  K  U  L  L  R  J  L  T  X  L
F  X  R  O  O  C  T  O  P  B  Y  G  U  Y
F  B  I  L  Q  C  H  A  R  H  F  D  I  T
S  X  M  A  N  A  T  E  E  I  I  S  P  T
V  T  P  A  E  F  T  O  K  S  S  N  N  A
V  L  R  S  U  S  E  S  P  U  H  N  H  Y
F  Z  Y  F  Y  I  N  M  K  U  D  T  X  E
C  O  D  O  P  J  B  V  N  L  S  F  R  Q
```

CLAM	CRAB	DOLPHIN
JELLYFISH	LOBSTER	MANATEE
MUSSEL	NARWHAL	OCTOPUS
OTTER	OYSTER	SEA TURTLE
SEAHORSE	SEAL	SHRIMP

Sea Sponge 2

```
T  P  B  C  E  J  V  Q  C  X  X  Q  Q  T  B  R  B  H
S  X  F  O  C  L  M  S  S  E  L  C  A  N  R  A  B  T
R  S  K  A  I  W  E  B  L  M  U  I  W  G  F  H  A  I
E  I  H  B  U  Y  W  C  X  T  Q  B  R  I  O  H  R  D
R  W  K  S  G  V  U  N  T  U  D  Q  L  R  H  G  R  K
A  V  A  Z  I  P  D  L  C  R  D  O  S  G  S  M  A  V
V  E  W  P  M  F  E  A  T  F  I  E  F  R  I  O  C  Z
L  A  R  M  J  F  N  B  G  L  S  C  I  R  F  R  U  D
H  K  H  M  I  Z  P  W  N  H  E  S  E  J  R  A  D  B
S  Y  X  S  U  S  G  Z  O  Y  M  G  G  E  E  Y  A  S
I  U  H  E  I  Z  G  E  G  L  A  A  K  N  L  E  F  P
F  S  W  A  Q  F  C  S  U  Y  C  M  N  A  G  E  T  X
N  Z  Q  P  X  R  R  P  D  S  Q  V  H  T  N  L  G  D
O  H  F  S  A  H  X  E  S  B  L  U  E  T  A  N  G  Z
I  O  O  B  K  Z  T  I  F  C  U  L  W  Y  T  R  I  L
L  G  L  Q  E  I  W  I  N  F  C  Q  W  C  O  R  A  L
N  F  Y  E  C  G  H  Q  E  S  U  L  I  T  U  A  N  Y
T  X  O  W  W  U  Q  Q  T  A  C  P  K  G  R  C  J  P
```

ANGLERFISH

BLUE TANG

CUTTLEFISH

HORSESHOE CRAB

MORAY EEL

BARNACLES

CLOWNFISH

DUGONG

LIONFISH

NAUTILUS

BARRACUDA

CORAL

ELECTRIC EEL

MANTA RAY

PUFFERFISH

Fishy Business

```
M A H I M A H I W E T X K I S
T W D D P E Q H A L I B U T N
Y B P C V A O R E D R V T N X
I I M E E T C R D Y K N K O T
I D B S P S E E F C F S O M H
J H N B Q K Y Z O A U D S L N
I Y F U C L H D B R V Z R A H
Y L V A M I D N W P A E A S B
N G M O O A S E K I P B R S O
U P O H H E R X I U P E U Z V
G L P E R C H R O I T A V F E
O M C T R Z N R A S L P E C X
P P O K N K G A Y B I R I G B
S D O C K Z Q O V J J Z E N F
L Z O C T O P U S L U O X S E
```

ANCHOVY   BARRAMUNDI   BASS
CARP   COD   GROUPER
HADDOCK   HALIBUT   MACKEREL
MAHI MAHI   OCTOPUS   OYSTERS
PERCH   PIKE   SALMON

Shark Tank

```
P  O  R  B  E  A  G  L  E  S  H  A  R  K  M  J  T  C  Z
B  J  A  R  Y  H  E  R  D  A  L  Z  G  J  W  E  F  O  N
O  L  U  H  T  W  G  M  E  N  X  Y  Z  M  Q  M  D  X  H
N  V  U  S  D  X  I  T  U  D  H  M  J  J  Y  P  B  K  B
A  U  H  E  Q  L  W  D  W  T  I  M  B  L  V  K  I  U  N
O  U  L  W  S  S  P  I  C  I  T  S  C  C  Q  R  K  Q  G
K  R  A  H  S  H  S  I  F  G  O  D  V  V  K  A  Y  T  F
Z  J  B  A  K  R  A  H  S  E  S  R  U  N  M  H  O  P  O
W  E  H  K  C  F  X  R  S  R  B  E  Y  K  O  S  E  F  G
J  T  A  R  X  M  B  Q  K  S  H  J  H  R  G  D  G  O  H
J  I  M  A  N  G  E  L  S  H  A  R  K  A  J  E  B  B  O
X  H  M  H  O  Q  A  K  C  A  M  K  G  H  Y  L  E  L  Y
T  W  E  S  Q  X  Y  O  Q  R  C  Z  H  S  I  L  S  A  F
Q  T  R  Y  H  M  H  L  K  K  A  I  I  N  T  I  B  C  U
D  A  H  K  R  A  H  S  O  K  A  M  S  O  D  R  U  K  Q
B  E  E  L  L  K  M  S  P  B  K  H  V  M  A  F  L  T  W
N  R  A  I  R  D  Y  G  G  J  A  I  W  E  P  W  L  I  A
F  G  D  S  V  C  Y  A  X  R  V  V  G  L  W  K  C  P  A
V  B  J  S  K  C  L  V  K  A  Y  M  Z  P  Y  M  V  E  U
```

ANGEL SHARK	BLACKTIP	BLUE SHARK
BULL	DOGFISH SHARK	FRILLED SHARK
GOBLIN SHARK	GREAT WHITE	HAMMERHEAD
LEMON SHARK	MAKO SHARK	NURSE SHARK
PORBEAGLE SHARK	SAND TIGER SHARK	SILKY SHARK

Whales

```
B A D H G A G A A J F I B U L B R T E X O S S
S U X B V P S M N V K N N U A S V S S M Z R
C E L A H W K C A B P M U H I Y H D G X A X
L U U U C A T U J Z H F V E R W K M R Q K D
A U P Z V A I F P J O I C B D C N I T E G T
U J V V K U G P S C J N I Z S P E K B L R K
E B G F D N Z D C W O W K F B I E Q E A O L
J U L R A C R O E L A H W R E L L I K H B C
X M L Z A T Q I V L A A I P A O Z D C W M V
Y B I Q Y Y J P N W A L H H K T U T U D J Q
O O F N K C W Y T N V E W E E W O B W E B B
C W P K K G O H Y L D R F M D H B R N D E D
K H O V I E B I A A E L L I W A Y Y O A J P
B E L U G A W H A L E G V M H L O D K E T V
Z A H N M X W H L F E Q S U A E P E C H H O
J D H T A S Q I A B V B S W L Z D S Z N L V
T W Z L N R K X S L G T E H E W K W H O M R
L H B L U E W H A L E U K S H H Y H J L W R
D A F Z S Z E H D E G F H A S A Y A T E C X
F L C L E G M A A D Y Y L I E J B L X M D U
G E A E A T O S Z L M E K F G E K E V I Q R
V F K J N C A X C R O U B J M Z K U S E L E
```

BAIRDS BEAKED WHALE   BEAKED WHALE   BELUGA WHALE
BLUE WHALE   BOWHEAD WHALE   BRYDES WHALE
FALSE KILLER WHALE   FIN WHALE   GRAY WHALE
HUMPBACK WHALE   KILLER WHALE ORCA   MELONHEADED WHALE
MINKE WHALE   NARWHAL   PILOT WHALE

Engineered Entanglements 1

```
Q R X J A B I J K H K B R A F S D G K L Y
I X L D F T A Z X K R W D K R U E N L X S
Y O A E Z W I M M H K L N Z I N M I I N D
M J E V C E N O I T A L U C L A C N D E K
T Z W E X N W M M W F C R N N Z G R Y T A
I H T L Z Y E N P L I K D U M I L A C O D
F I E O G E W I A G S V F Z S A E E O B E
A Z X P N P Q R C C W A H E P Q Y L N A A
V J N M K O N T I S C I D B C Y R E T A C
U H I E L N P T S T S R T C O D Q N R C R
H S L N T Y A T U I Z L O U N S X I O G K
F D I T S M U R I K F T A C S C E H L B B
W Z N S E V I S E M N M T I T Q O C S H N
G X V N Y N V I K A I W A A R L Q A Y C F
S F I S G L D Y D Z G Z Z U U E A M S L C
S K S C I N A H C E M T A W C J T R T X T
K T S C I M A N Y D T M G T T R M A E Z F
H S C I N O R T A H C E M Y I O Y P M J M
U Z J Q D B M A Z V R S G U O O K N S F D
Y Z C H N I D B L U E P R I N T N F B G O
C S Q C V W E E X D O S P X N J D X E D V
```

ANALYSIS

BLUEPRINT

CALCULATION

CONSTRUCTION

CONTROL SYSTEMS

DESIGN

DEVELOPMENT

DYNAMICS

KINEMATICS

MACHINE LEARNING

MANUFACTURING

MATERIALS SCIENCE

MECHANICS

MECHATRONICS

OPTIMIZATION

Engineered Entanglements 2

```
Y H H R U K M A R I N E E N G I N E E R I N G E
H T I E G Y Z G E L F M N T X B L I G N B O J M
B H S P G N I R E E N I G N E L A C I T P O I O
Y E C D F N X X C S O L X E R M F E O R K A A G
K R I X O B A U W O D J X X H Y J P O O E V Q G
O M M Z U F E H X F E K Z E G S O B X X K G K N
A O A L M S X S A T N W A R U L O B C P T G X I
F E N D H B M W H W S T E L Y T S Z P S O F K R
M L Y U G M C P G A T N G M I K C C C W M Q A E
N E D O T P Y X Z R E X E C O W U I R D U L C E
A C D O R P K D A E H R S R M L T O P A B M U N
N T I O G R J N L E E E U W U O D O N T L W K I
O R U W Z A S B R N N K I S B U W T Y K D I M G
T I L X W F A H G G X G P O L S U S R B F N V N
E C F K E W F I I I Q L R I Z M N S P M Z S C E
C I W R E U N N Y N V I D S M Z M K V D C E P L
H T T N R E E L Q E J E Q E A W M P W W T O J I
N Y E S E E N G G E M U C Z A S B Q A M N G C V
O R M R R E K Z Z R W H M K Q M K Q H Y K M B I
L M I I C B M R R I A B X F U W F U W D W O R C
O N N G N I R E E N I G N E S M E T S Y S F K H
G G N I R E E N I G N E L A C I M E H C E F G U
Y I K G Z F A C V L O C V N J Z V P T O T S U T
J W B T M E S O V H T H M Q S G V I R Q Q N Z B
```

CHEMICAL ENGINEERING
HEAT TRANSFER
OPTICAL ENGINEERING
RENEWABLE ENERGY
SOFTWARE
ENGINEERING

CIVIL ENGINEERING
MARINE ENGINEERING
POLYMER ENGINEERING
ROBOTICS
SYSTEMS ENGINEERING

FLUID DYNAMICS
NANOTECHNOLOGY
QUANTUM MECHANICS
ROBOTICS ENGINEERING
THERMOELECTRICITY

Blueprint 1

```
T N H N X X V B F Q Z U V A L B G P H V A D M O
O P S X W W S I T E A N A L Y S I S Q Q R S U F
M T N I R P E U L B N Y H W E P A M W G D B O D
Z R I V T D R A F T I N G D B O I L L U L Y Q Z
I L Y N A E S O A S X S O D G Q V D N X F E D J
E A N L T R P D J G C C Z E G P E C T X B J G M
X T O N X E C L G E G W Z D I V R X X U N L S T
H G S F G X R H A N C Z D I Z R H P I G S R W M
W T U U N Z Y I I N I T L J W S A L I S L G M U
E O M M V A G D O T T T M W P M D S W C A P S Q
H K E W J R L F M R E L H A N I E J B I I Z E B
J J K Z Q I A P V U D C Y G N D H H N T R Y R B
L Q U P U G T A R R I E T G I A F S L E E M E G
F S I B V R B R J O Z Z S U D L G Y R H T L M O
H M Z A J Y O W X M O C P I R V Y E O T A O Y E
E J V G W V Q O V W I L N X G A O A M S M L P G
X C I M M Z H Q J E Z E F R V N L E D E G F B R
B I U Q G B O N N K P S O Q X F S S B A N A D B
Y F O X K N W C W K K E C F W X V J T K I T T J
Z W O V Q P E A F T V A W N U Q P T O Y D G Z O
Q U E A H Z C Z P E R M G S W F U Z Q L L T I X
E R L X S H W X W C Q U Z B U V W M F K I E Q H
Y G I E L E V A T I O N S V K A A T F Y U G S W
M A C X F L R Q U F M N N T Y A D Z G U B F D E
```

AESTHETICS
BUILDING CODES
DAYLIGHTING
ELEVATIONS
PROJECT MANAGEMENT

ARCHITECTURAL STYLES
BUILDING MATERIALS
DESIGN
FLOOR PLAN
SITE ANALYSIS

BLUEPRINT
BUILDING SCIENCE
DRAFTING
INTERIOR DESIGN
SITE PLAN

Blueprint 2

```
X  G  N  N  O  B  X  A  G  J  K  W  I  E  E  C  V  T  N  N  D  N  M
M  V  S  L  R  Q  V  D  S  M  L  N  H  Z  D  D  E  Z  B  M  B  K  B
F  Z  X  T  C  Q  B  I  U  X  Q  R  E  Q  A  B  V  G  A  G  K  C  P
O  U  S  Z  C  W  J  J  F  L  L  O  C  D  C  O  R  T  Z  P  L  S  A
M  F  T  C  I  U  W  K  M  N  A  B  F  Y  A  S  E  F  L  I  E  Q  M
S  R  T  S  K  U  Y  Q  D  U  H  B  H  E  F  R  T  J  G  I  K  G  H
V  B  C  A  P  W  G  J  S  C  T  H  Z  S  I  L  T  H  H  D  K  D  Q
E  E  A  Q  U  Y  A  R  C  H  I  T  R  A  V  E  T  S  R  W  J  U  U
C  I  G  D  A  J  J  M  K  B  Z  U  L  F  T  A  N  M  U  L  O  C  G
D  K  K  G  C  H  A  D  C  X  O  I  Y  P  N  G  D  L  I  L  H  G  E
L  N  S  R  B  N  C  P  O  S  T  M  O  D  E  R  N  I  S  M  A  S  P
L  D  W  E  W  K  O  S  P  Y  G  R  S  K  I  T  O  I  G  W  K  B  K
G  E  Y  E  T  V  U  B  L  J  J  H  E  K  A  C  F  N  P  Y  T  M  J
D  R  V  N  G  I  S  E  D  R  A  L  O  S  E  V  I  S  S  A  P  D  M
R  Q  L  B  J  I  T  G  N  D  Y  S  F  D  T  W  H  C  Q  Y  G  O  W
S  S  W  U  Q  E  I  T  O  U  J  E  T  X  T  O  R  F  M  H  H  H  E
R  P  E  I  T  K  C  W  P  V  J  R  O  K  W  A  R  R  J  I  Z  B  L
C  T  L  L  R  S  S  U  B  F  A  H  Z  T  P  X  E  A  F  H  H  N  U
N  A  P  D  E  E  E  R  F  B  W  T  O  E  E  W  J  M  T  K  W  W  X
O  O  Q  I  D  S  H  C  L  S  G  X  R  Z  O  A  R  Z  W  I  D  D  S
R  J  S  N  L  F  E  N  E  S  T  R  A  T  I  O  N  C  C  V  O  J  M
F  L  A  G  U  X  D  U  W  R  W  E  N  B  D  D  Y  J  W  G  F  N  E
U  N  V  I  H  C  B  O  V  Z  H  O  L  R  X  J  Z  D  B  E  X  V  V
```

ACOUSTICS	ARCHITRAVE	ART DECO
BALUSTRADE	COLUMN	FACADE
FENESTRATION	GREEN BUILDING	HVA
LIGHT AND SHADOW	MATERIALITY	PASSIVE SOLAR DESIGN
POSTMODERNISM	RESTORATION	SKYSCRAPER

Blueprint 3

```
N O K J X J B B R T M E S L I C U Y G B G U
N T E E Q R R V Q U S B X Y V Q L P W P O N
G N W E R E D R O C I N O I H F S Y M B A B
G N O G I Z N A P M A G E H C A S Q E E O Y
W K I I G N I W A R D N V B J C W B A H Q G
D T Z L T D D M R H U I T U I A T M Y F G L
C L H F I A G L T D L Z S I C D D V Q T Y W
X V D Q Z A D Y V X L A K L L E V F W K S Z
G S Q A U K T N P B P L Y D P E R H P A V S
P W I W P M A E U G Z G R I E N V S D L F D
X F Z B M X M O D O G W O N N G F E R G D V
V O K N T Z V G K R F W T G A I H C R J T P
R Z N G E G K O E E O R S E Y N V T Y Z D L
Q W X Y D S O E Q D J I E N C E N X A U T R
C J K A Y Y N T J V E R V S E U C E U M O
T Z Q W R R S H S C R E E V R L Q X W U K
E R E H O K C R C I T P L L T I B H S W V
Q S Z O J D U N N R C O C O J N O M P D V F
T I F O D B I R S B H W N P A G I T C R K
Q Q G A R G O Y L E T J P E M T R H A U Y T
N C E B E C X S E K U F H E E F V O G Z B X
X U L E Z I O V Z E Q S Y R E R M J T L X D
```

BIM
CLERESTORY
FACADE ENGINEERING
GLAZING
INTERIOR DETAILING

BUILDING ENVELOPE
CORNICE
FOUNDATION
GOTHIC
IONIC ORDER

CANTILEVER
DRAWING
GARGOYLE
GREEN ROOF
KEYSTONE

Movie Star

```
D  N  Y  D  P  R  R  T  R  W  Z  M  E  N  T  O  R  T
E  L  A  T  A  F  E  M  M  E  F  F  P  N  R  Q  O  S
J  T  H  E  A  T  H  L  E  T  E  F  K  D  M  O  W  I
K  L  T  O  R  E  H  N  E  L  L  A  F  E  H  T  D  N
N  A  M  H  C  N  E  H  S  E  L  H  Y  V  S  S  G  O
S  K  S  V  D  A  Q  W  I  T  Q  V  L  S  I  E  B  G
V  D  I  P  M  M  J  H  D  U  S  C  B  S  V  R  Z  A
V  I  M  T  O  Y  T  L  E  A  W  I  M  I  L  E  J  T
S  S  Q  R  T  R  P  S  K  Y  Y  H  T  V  E  T  S  N
G  F  E  I  L  E  R  C  I  M  O  C  K  R  F  N  K  A
F  J  T  F  I  V  C  U  C  N  E  B  Y  Y  A  I  O  E
W  H  K  W  W  E  J  X  K  T  O  A  P  N  S  E  B  W
E  O  R  Q  C  E  P  K  E  J  C  G  E  V  H  V  H  V
P  S  A  S  Q  H  X  D  Z  B  Q  Q  A  G  Q  O  Y  T
R  C  P  N  Q  T  E  E  Q  Z  M  R  P  T  Y  L  O  K
W  U  O  R  E  H  I  T  N  A  E  H  T  L  O  K  W  I
J  P  B  W  T  H  E  O  U  T  S  I  D  E  R  R  U  D
Z  G  C  L  U  K  C  Z  Q  T  E  M  F  L  Y  H  P  G
```

ANTAGONIST   COMIC RELIEF   FEMME FATALE
HENCHMAN   LOVE INTEREST   MENTOR
PROTAGONIST   SIDEKICK   THE ANTIHERO
THE ARTIST   THE ATHLETE   THE DETECTIVE
THE EVERYMAN   THE FALLEN HERO   THE OUTSIDER

Lights, Camera, Action

```
Z Y E G A N O I P S E O W I B Z W K V
E C N A M O R M E X L J L K Y N J X H
A J J E O I Y O Y A E D M D X T L Z X
Z A P W R T Z P S Z P T J F Z F S M A
U L A O O C I H L P Z A O U T J U R J
Y T B O R I T I M O C H S Y U W T V J
B A I D R F F S S T V D Z Q G E W X H
I M O V O E C T I L K F J U Y J L R J
R Y A B H C H O H E C G W N M W V B P
A M A R D N N R M H W B H H N A T T
G M C W T E A I E E G U E J L P T B J
B D A C B I G C U P D W K C P Q Y N M
I F K T P C A A T D U Y U Y I G C X N
J E A W N S Q L Y K N S V D Z C U G C
T U W N T D I S A S T E R R S F A K W
N U H W T P L O R R V I L C W U A W O
N C B B I A D V E N T U R E K F P E V
Z E S R X A S W M V E S H V Q W C P Z
N P N B Y J T Y E Z D B O L P W J X X
```

ACTION

COMEDY

FANTASY

HORROR

SCIENCE FICTION

ADVENTURE

DISASTER

HEIST

MARTIAL ARTS

ESPIONAGE

BUDDY

DRAMA

HISTORICAL

ROMANCE

SUPERHERO

Writer's Block

```
F  V  Y  X  Y  R  T  E  O  P  L  O  T  O  W
O  F  R  Z  E  C  B  R  I  F  P  U  A  N  L
Z  K  V  X  B  R  H  E  U  B  N  R  W  U  S
T  Z  P  H  R  E  P  A  P  J  B  J  M  K  S
U  A  C  D  A  W  U  W  R  B  Y  A  H  H  F
S  O  U  G  F  S  B  P  Y  A  N  K  K  B  K
S  W  A  T  E  C  E  D  K  U  C  N  F  J  V
Y  I  Z  U  H  N  E  U  S  M  O  T  F  O  U
U  Z  S  M  C  O  R  C  G  T  N  N  E  U  U
A  W  G  I  Z  T  R  E  E  O  F  D  E  R  Z
W  P  L  R  U  I  R  B  D  J  L  R  D  N  I
S  E  G  J  P  V  O  C  I  Q  I  A  W  A  Z
H  G  U  T  X  O  T  T  T  S  C  F  I  L  S
U  M  N  F  K  N  E  P  O  Z  T  T  Z  D  J
L  A  U  W  I  T  X  L  R  B  W  K  X  Y  S
```

AUTHOR	CHARACTER	CONFLICT
DIALOGUE	DRAFT	EDITOR
GENRE	JOURNAL	MANUSCRIPT
NOTEBOOK	PAPER	PEN
PENCIL	PLOT	POETRY

Artistic Expressions 1

```
R M C E X P R E S S I O N I S M D K O I I X
E K V R R E A L I S M A O T B H D R D S Y H
H U V R M K V H T S E S N M M B M K R J P B
D T Y N H E N R I M A T I S S E J I A S S N
V E W A G Z L V N X V B I I W L F C N H L G
X B D L Y C U X E I E N S N E J Q G O C C T
V R T B C A B L U T O L B O N U Y Y G N E U
W U G J F U R K Z I U O N I E Q I A A U T M
W O Q P J F N O S I Y A L S F Q X R R M M J
O C R W P L Q S X W R D L S M T R C F D P X
X E G W P E Y U D Q O T E S E T V E R H G
O V T P G R U A O H U F U R I N K M R A U H
E A Y S P B Z D U I N V F P C O F D O V X Q
Q T V M U G A W S N Q H A M I M G V N D M E E
N S I N L V B D F K P R O I S E O C O E I O
Z U R F I L A J E Z J G V T S D S R H U T V
Y G U N D V J T U W Z Z R S A U M Q N P U C
J K C R I C L F Q A T Y K O L A S B J H S A
H I E D C N O E O K X R N P C L R M H H H N
V A W C Y D J T R U X I M M O C M D N Y Z C
K Y Y X I O R C A L E D E N E G U E F M Z Z
C T P A L J G O B U C N B R N S K M M D D F
```

CLAUDE MONET
EUGENE DELACROIX
GUSTAVE COURBET
JACQUES LOUIS DAVID
NEOCLASSICISM

BAROQUE
EXPRESSIONISM
HENRI MATISSE
JN HONORE FRAGONARD
POST IMPRESSIONISM

EDVARD MUNCH
FAUVISM
IMPRESSIONISM
LEONARDO DA VINCI
REALISM

Artistic Expressions 2

```
S I C M T P S H Y N Q Q H W I W P O Y R O S K
Y D M C K L N F X G W N O G A M O Y U D L M Q
K T D P R F X R U M A H D I M W P J X N Y N S
K L H U V L O C U U W Y J G I K U R I O J A A
Z Q U K J B U M I N I M A L I S M K V I S C T
O Q P F Z D A V K V G Q X B Y P N G P S P W O
S X K C O L L O P N O S K C A J S K X S E C H
S G Y N B O A A Z U H M O P M B D B Q E R Q X
A D F Q I E N S N L O N A S A Z T S G R F R W
C W Q I D V D S R O C N I R Y P Q N C P O K I
I P Z F D G A J Z E D R U O B M Z G N X R P S
P E R H W U R N P Y U H Y Q L A Q U B E M K Y
O U D T H A T T W T D R O G H H A E C T A A K
L I G O Z O U A U B E S M F U C T N E C N N S
B Z G H P A R F W M R C S O X U Q D I A C K E
A R Z Z L H A F I J I L X O B D T H X R E C N
P S I A O L D O P R N F K V L L G C P T A P R
Q E R L H A R V V O M Z E H U E W W U S R M Z
K T L G T S Q S U F Y S G Z H C Z Z J B T Y K
X V H T U S O K H P E S O J D W R F M U A I F E
R A O R O H O M U K X K G H B A A N J M A S K
K A V K G Y C V J D A D A I S M R U M W W D M
W H G A U U E Z C M F M W C W N U F J I G Y S
```

ABSTRACT EXPRESSION

ANDY WARHOL

CONCEPTUAL ART

CUBISM

DADAISM

DONALD JUDD

FUTURISM

JACKSON POLLOCK

JOSEPH KOSUTH

LAND ART

MARCEL DUCHAMP

MARINA ABRAMOVIC

MINIMALISM

PABLO PICASSO

PERFORMANCE ART

Artistic Expressions 3

```
Z Y D L X U Q Z D B L N Z A Y E T E K H A
O J J I D P C K K G H K Z T R I P Q T D F
E G W G T R A A I D E M W E N O A J D T U
S I H U I K C Z G D B T F W K K B U F K O
M D S K W Y K U E Q B E S I T W M R N N E
S G F L L K I N E T I C A R T P E B O E G
I M N H L H W P O K Y P N D W D H A U U O
N F X I C N A M H E A U Q L L A X Y E E
O D A T R F Y L R N M A I A M V D E Q W N
I B X H P A E Q U R Y V C Q V J Q X Y I J
S G Q H F S H J E W A R A J S M X O C L O
S F X L N Y M H K S E Q M A M N C B H D B
E L E A C A S J T D O M E V S A U A U E Y
R L A P N Y W M N I O S G E R U O N C N W
P G B T D S L A S B E B R T W G X X K L O
X W N N Y Z X R S T O K O L C T D U C S Z
E Z I K J E E E N I L K E B B V F G L M H
O C N B L Z R M F R D H G K D K V D O F B
E E N A T R A I T I F F A R G W O A S I Z
N U X J O R G I M M E N D O R F F F Y E K T
X L U F N W N I E R Q M Z A X H O B E D Q
```

ALEXANDER CALDER
CINDY SHERMAN
GRAFFITI ART
KINETIC ART
NEO GEO

ANSELM KIEFER
FLUXUS
JÖRG IMMENDORFF
NAM JUNE PAIK
NEUE WILDEN

CHUCK CLOSE
GEORGE MACIUNAS
KEITH HARING
NEO EXPRESSIONISM
NEW MEDIA ART

Artistic Expressions 4

```
Y B B O J J B U F H P O R T R A I T U R E H
H O G A C I H C Y D U J S F J E V B Z K P A
M C N S H T L Y A O G Y V S T L Y F W V W Y
Q B I W D Q G P O H U X T V R Y V I Y P X P
X J Z V J D U N B P G X H B A F Z Z E G A I
X X O O E D I V E C N A M R O F R E P Y L J
E J H H O L O W G X H Y D X E Z T M P G O T
G S J Y N T A R J W M M S M D J R X G H I K
E P A N J S V M C Z L X I I I E A A N K H
F I L N S U I L R K M N O T V A N C G J L Y
I V E F O G Y N H I I F Q M B N O B H M L U
L J O I N J S I G S M D U S S N I R H B I Q
L E L R C V N E T E D I L B S E T P L V B O
L H F V L F R A P C R N Z T V C A B E M J F
I O T O E H R K O A H S A A B L L P K P V R
T J D G Q T R I A J C B A V K A L Y N M I Y
S V C T Z W C A E G L S I R R U A F D B F F
R W A S A S T C W E O H D K G D T F H L Q S
J U W U K P A U L C E Z A N N E S Q D W J N
Q Z E Q Q U S Y J P K R Z I A H N A H Y R B
O T Y Z Z I V Y U R T Q D A J L I T U O C W
V K P T J W A J R L M M D R U T U X Y O H V
```

JEANNE CLAUDE

INSTALLATION ART

BILL VIOLA

VIDEO ART

JUDY CHICAGO

FEMINIST ART

JOAN JONAS

PERFORMANCE VIDEO

JOHN CONSTABLE

LANDSCAPES

PAUL CEZANNE

STILL LIFE

JOHN SINGER SARGENT

PORTRAITURE

KAZIMIR MALEVICH

Artistic Expressions 5

```
C P T I E K H C I L H C A S E U E N I S S L G
Q K Z L K T K G P B C A T M M J Z K Z L U Q P H
T C O A V K A Z O O P A R T N O U V E A U A E
T E Y E A A Y M T Z D R F J O I V U U H Q Y Q
R B Y X P Y C I A E I Z Y Q I U Y E M U N R R
Y O A Y D R Q O M T N F E O S P B B M A N Y H
X A C W L V O R A U F P N O S T P S S B K E N
C L G E A U Y U R V I J G T E D D E I T T Q P
K F C V D S K N A O B W W T C H U K V R M E Q
X N K G Z T S J D L X N X O E C H Z I F I A T
G E R R I T R I E T V E L D S M P R T A L Q M
R G L B A H Q A L S H C O I E Z W V C Q K X K
U J K W P R P Y E Y C H G X S C M K U T V R A
G V I R S L E O M F K L M X E H A X R K A M A
K O T K P J M V P D O A E H N B O F T H T K C
L D A B B G Q W I K B T N D C E S S P S G C
Q J D U K S G J C R F B X D E O R F N J U V S
L B I C W T D X K X O Z W V I S V H O Q G E E
K V P T G S Y D A Z Q G R X V N P H C M H V
A J K K S G M W B C S I E O L K S W L E L T S
W U O E T E B G B D I X M I M E C K T V D Z X
Y V J D Z J D W K V F G M U D U Q Q Y M S Z O
T C A L E X A N D E R R O D C H E N K O L O W
```

ALEXANDER RODCHENKO CONSTRUCTIVISM GERRIT RIETVELD

DE STIJL WASSILY KANDINSKY BAUHAUS

GUSTAV KLIMT ART NOUVEAU TAMARA DE LEMPICKA

ART DECO GUSTAV KLIMT VIENNESE SECESSION

OTTO DIX NEUE SACHLICHKEIT DIEGO RIVERA

Artistic Expressions 6

```
P P W Q Q A Y G V F H Z Z S I N G P N I L M V
W C P S J U S Z U Z F E A Z F G Z A D V J A D
I L X G O I B M A R K R O T H K O Z H S M H S
S J W A N O I S S E R P X E T C A R T S B A E
V J Z C X K H D T L I O E W Z C Q Z F Q X R S
X L G G M W M L Y E M K H T D O Z G V K M G Z
L P E R E N I E W E C N E R W A L K F T D N A
A E O S D L N I Z H W W E C R T G E R H L A K
B T R P Z I I F S S Q S T E R X J V Q Z O D J
I Q G W C Y M R L S N Z Y A N T R O L T G V L
V G E I X N A O C E X Q E U H S I Y K O G Q U
P R B W M Q L L K L X C Q I S K C S B W N R G
N L R N I D I O J R N X Z C A U Z Z Y O I A D
K S E W P X S C E A F Y U W V F W Q G R D H
N N C B R Z M H M H G Z T D F O A J P E H T K
T Q H I Q I O R D C U O Y Q Z K K L Z S T Z E
W F T R H Q O M C X I V Q X Q I D M U L I H Z
N I V A L F N A D U U D V S E X F X K J A G F
B Q S T R A T S I N I M E F R X U R T J F T O
P U J E K V C O N C E P T U A L A R T J I G R
S K P N Z Y V D H B V W R Y F J F C R C G T S
P M E K B R Z K E A R T H W O R K S M C I V K
C D A S F W A V A T F O E W R E M Z N T B Y F
```

ABSTRACT EXPRESSION   CHARLES SHEELER   COLOR FIELD
CONCEPTUAL ART   DAN FLAVIN   DAN GRAHAM
EARTHWORKS   FAITH RINGGOLD   FEMINIST ART
FLUXUS   GEORGE BRECHT   LAWRENCE WEINER
MARK ROTHKO   MINIMALISM   PERFORMANCE ART

Artistic Expressions 7

```
D P N J Y W H Q L X C F X B O U Y P P K X W
I O D N I L X R K D B Q D R F W K S G N B A
K H B V I Q B B M Z B L R O G V N K A I W F
K H T Y I K I A V S W V U B I C T R A P O Q
R D K C P Y I H R Z I Y C Z C G Z W E Y K I
F E E R S E M D B B I L L S D I E Z W D C M
C E P U E L O P E J A P A K C E Q W O A C J
G H Q O Q I V C R S M R I E I B M T S L O K
I N T T S R N S B G A N A R R H C E B J W R
Q A I O B T K F V Q E I E K A W E F U J H L
L L I S G E M C P T F A N F R O E L G K A P
Y O U L A G L O I I D D E T T U I N Q Z N X
V D V E E D T C D S F J H N P A G N E O D Z
W S P A H I A R N E O G E O N H B E C Q S U
T N R F T R S Q A Q R F E S U V A Q R V V K
T O L A T B Q N V T J N C I P B N L G I B I
S O M R A G Z L H Y E H I K O R K H L D X N
S K F S T G S D A S N E S S K C S V G E E K
X F O U B N U X Y A V E R E F M R Y W T I Q O
N F L S I N A I B L E H W T S U I Q I D Z O
N E O E X P R E S S I O N I S M L A M H Z K
M J B J V D K L Q W N N B U E P S E M E T X Y
```

NIKI DE SAINT PHALLE
KINETIC ART
JEFF KOONS
NEO EXPRESSIONISM
BANKSY

NEW REALISM
BRIDGET RILEY
NEOGEO
BARBARA KRUGER
STREET ART

JESUS RAFAEL SOTO
OP ART
JULIAN SCHNABEL
POSTMODERNISM
LADY PINK

Hobbies

```
A U U E T X A Q Z E D F S Z P I Q V N C T Q A
G I U B E C G E Z H M D V F N S K N L Z C N V
W V S N N Z O V X F L T X A D N L A C P Z D E
Z E A V S G A L M F H J T V T O K J D A N R O
O A V V S D E X L O G O V L S H H T B M D A I
R Z S R D E A D P E V Z R L O S K E I L I W F
T F E U R D U O I A C X P G T U I D T F K I E
E D M D N C E Q L T I T P R O G R A M M I N G
P U A O G X H G I E I N I B H Y A I D X C G E
I U G S B Q G W O T J N T N P F W A Y D C S Q
D K O T S V R H G B N M G I G Z N S F I D W G
G I E H Z K A F K E O A X V N C H Q S R X A K
J N D P K I P D W J P W D I G O N K W J E D
R A I G F N H A B R G J F N T D L I T M T C O
D P V T I N I K E J Q E G E I Q E K N R G M V
I M G Z C Y C A U J D K N J D T P O V S K W Z
H J N F F A D H R S N H I D E P C K S R U F U
C S I E B I E F B I S Z K R N K F E Q J Z J C
R A Y P N V S A K E C G O S F C T B L B M V E
V Q A G H S I S P H O T O G R A P H Y L R L O
W N L P F G G E O A U F C N V N P X J X O O B
C D P D Q A N R S S X C O L O R I N G T J C E
C C Q X C Z G C O O V R T N N O Y S J O K P Y
```

ACTING

COLLECTING ANTIQUES

COLLECTING COINS

COLORING

COOKING

DANCING

DRAWING

EDITING PHOTOS

EDITING VIDEOS

GRAPHIC DESIGN

PAINTING

PHOTOGRAPHY

PLAYING VIDEO GAMES

PROGRAMMING

READING

Soccer Slang 1

```
I  P  O  D  H  W  Y  A  B  H  Q  E  B  Y  Y  L  L  E  O  U  F  B
Y  D  Y  C  R  P  R  T  F  W  X  G  S  T  L  A  H  N  Y  P  M  G
M  E  A  Q  V  N  W  H  I  G  H  P  R  E  S  S  L  Y  F  W  I  N
S  L  L  I  K  S  G  N  I  L  B  B  I  R  D  Z  G  P  Q  L  E  U
O  T  P  V  A  P  O  N  U  X  I  Z  Z  D  R  I  C  I  G  H  U  M
X  T  N  U  R  H  Z  G  I  R  Y  B  U  Y  K  F  F  Q  I  N  Q  S
F  A  O  M  A  Z  Y  S  F  K  G  X  A  J  C  E  K  W  K  L  I  V
K  B  I  P  B  W  A  N  S  Z  C  N  X  G  U  C  V  X  D  L  N  W
F  D  S  N  P  E  Z  L  H  G  Q  A  I  K  N  P  F  U  S  K  H  A
X  L  S  C  T  F  F  E  O  E  N  Y  T  P  T  I  B  I  Y  X  C  L
C  E  E  T  R  H  E  Q  A  N  D  I  K  T  P  H  D  P  P  I  E  U
T  I  S  F  X  R  E  I  J  U  G  P  S  B  A  A  T  A  E  S  T  P
B  F  S  K  L  O  W  B  W  R  Z  P  H  S  Y  R  L  K  E  O  G  F
D  D  O  W  R  Y  P  E  O  L  S  R  A  K  A  C  E  R  W  H  N  V
Z  I  P  R  G  O  S  O  O  X  T  K  C  S  O  P  I  T  E  G  I  A
Y  M  X  U  H  I  W  X  H  W  R  O  Q  B  S  Z  T  O  N  V  T  Q
R  Q  W  B  O  R  M  M  Q  R  L  I  J  T  G  I  I  R  J  U  O  O
T  L  B  Z  R  Y  D  R  A  B  J  Q  E  L  W  E  N  A  O  B  O  G
Y  Y  Y  M  J  Z  Y  Y  W  E  F  F  D  P  R  D  B  G  R  H  C  C
U  D  A  Z  S  D  C  O  F  F  T  H  E  B  A  L  L  V  Q  A  S  T
H  P  X  D  C  T  L  K  X  W  N  S  P  X  X  B  I  Q  J  T  G  B
M  A  M  C  S  F  A  V  S  U  T  G  K  U  D  W  X  C  M  N  D  P
```

COUNTER ATTACKING
HIGH PRESS
LOW BLOCK
OVERLAPPING RUN
SHORT PASSING

DRIBBLING SKILLS
IN THE BOX
MIDFIELD BATTLE
POSSESSION PLAY
TEAMWORK

HEADING ABILITY
LONG PASSING
OFF THE BALL
SHOOTING TECHNIQUE
WING PLAY

Soccer Slang 2

```
S N J D V K K U V Z U I T X Q L W X M B V S H D
F L V S Q F O C U X C S L E P O D X P L F B Y U
X O R F A C G O I Y T F N M V N J F G X P W P M
B J O X M I R A F A F S J W P G F W V U T G N U
E I X T W C S U M A H J X K N B R I H E C H J L
M V Y S W X N I W E L E U O W A G K Z B Q U G Z
X O D H Z O N N G D I S C I P L I N E M W U N L
I V S S O A R F O Q P N E U O L D M S Q O K W V
O Z K Z X L F K V K C H T N T Y B L U O C E M Y
M W D C O I D Y W Z F F Q E I C E X P X V Q G O
W F C L A T T I A N H T A J L N F B P W G O S J
E R N M E B I L N R J M P V G L E H O R E P G B
Z V Z T W A G E R G S T G R Y V I Y R E P J R A
D Q T H D C D N J P M N R U B V R G T R U B O E
Y W W R E D L E I F D I M E V I S N E F E D Y Y
U G I O V E L R R W N U D W N U L N R N H W X A
H Y O U E U I Y W S R A P F H L I O S Y C S N T
M D I G O T O N M W H M M I I J D N N S F E Q R
I S R H X X F V A Y X I O T I E J M J Y L F C Y
E B S B P S F S D Q O S P S Z L L O O Y A X M P
S M N A T Z Y V S G S F V K F A I D H X D T B A
P G F L M Q T A C T I C A L A W A R E N E S S Q
V O E L L F E Q X T Z Q U Q H O M E C R O W D R
C E O L F V Q R L J O L E W S M Q Y X D G A G F
```

DEFENSIVE MIDFIELDER
FOOTWORK
HOME CROWD
STAMINA
TEAM SPIRIT

DISCIPLINE
GAME INTELLIGENCE
LEADERSHIP
SUPPORTERS
THROUGH BALL

FALSE NINE
HOLDING MIDFIELDER
LONG BALL
TACTICAL AWARENESS
WINGBACK

Relationships

```
Q  S  X  D  V  X  H  B  K  I  M  N  N  V  P  I  W  B
C  O  O  U  R  K  C  O  H  E  S  I  V  E  I  C  L  Z
V  H  P  B  C  A  I  Q  F  T  U  M  R  M  G  Y  F  V
E  C  O  M  M  U  N  I  C  A  T  I  V  E  H  U  C  L
J  X  B  D  P  P  H  C  O  R  E  R  P  N  B  P  E  L
D  E  P  E  N  D  A  B  L  E  H  J  L  G  I  V  I  Q
P  Z  A  R  M  Y  D  O  N  D  O  H  Q  R  N  O  O  W
V  Z  S  B  E  E  Z  O  S  I  E  D  S  L  Z  X  T  G
A  U  Z  J  V  N  U  D  T  S  V  E  V  Y  A  R  N  T
F  N  F  O  R  G  I  V  I  N  G  T  Y  G  J  I  J  L
F  Z  L  Y  Z  D  N  U  U  O  A  T  N  N  V  A  N  X
Q  E  R  O  Y  T  Z  N  C  M  I  Z  O  A  F  P  N
B  C  D  U  X  E  X  P  U  E  N  M  L  Z  M  B  A  A
M  I  M  S  Y  U  S  M  R  E  G  M  L  L  N  V  O  B
I  I  Q  M  H  K  B  E  T  Z  G  O  G  N  I  V  I  G
Q  F  P  N  U  W  C  S  C  K  F  C  B  F  H  R  D  O
Z  H  T  Y  P  Y  I  A  R  M  F  R  G  O  P  M  B  C
I  P  T  E  N  L  Y  N  N  U  F  I  Y  K  F  Q  Z  T
```

BELOVED	BRILLIANT	COHESIVE
COMMITTED	COMMUNICATIVE	CONSIDERATE
DEPENDABLE	FAIR	FORGIVING
FUNNY	GENUINE	GIVING
JOYOUS	LISTENING	LOVING

Love Language

```
F  N  K  I  C  B  B  W  G  N  I  W  O  R  G  W
A  L  A  R  Z  Q  I  A  M  N  D  R  W  S  R  P
I  N  V  E  N  T  I  V  E  C  I  E  T  F  A  Y
J  N  F  J  U  U  Q  Y  W  C  D  T  H  H  T  T
P  D  T  R  E  L  I  G  I  O  U  S  O  H  E  Y
N  F  N  E  E  K  A  E  Q  M  G  P  D  D  F  M
I  H  H  T  R  V  L  M  U  F  C  G  T  O  U  W
Y  J  V  O  J  E  T  U  J  O  D  N  C  M  L  N
G  N  I  R  E  T  S  O  F  R  K  I  E  N  Q  O
Q  M  N  P  X  Y  U  T  C  T  N  T  F  X  N  Q
B  Y  T  G  L  N  S  L  I  I  C  P  R  V  P  Q
G  N  I  G  A  R  U  O  C  N  E  E  E  M  A  O
G  H  M  N  H  J  P  A  I  G  G  C  P  W  Z  S
K  R  A  O  E  W  F  C  K  Q  X  C  M  S  A  G
B  O  T  P  Y  Z  Z  T  K  W  O  A  I  T  E  I
G  D  E  V  M  R  H  E  A  L  I  N  G  Q  I  R
```

ACCEPTING COMFORTING DOTING
ENCOURAGING FOSTERING GRATEFUL
GROWING HEALING IMPERFECT
INTERESTING INTIMATE INVENTIVE
KEEN RELIGIOUS RESPECTFUL

Mystery Of The Heart

```
G  D  T  V  A  N  G  X  D  K  Q  K  P  J  R  Z  P
W  H  Z  J  F  V  B  I  C  F  X  R  C  Z  R  N  Y
H  E  O  W  F  E  L  B  A  E  E  R  G  A  Z  D  T
P  I  V  H  E  A  L  T  H  Y  O  R  G  F  X  C  N
X  B  W  I  C  B  N  B  Q  H  D  A  I  C  S  R  A
T  M  I  G  T  R  A  D  A  P  T  I  V  E  H  Y  G
B  P  P  J  I  A  D  S  T  N  J  O  V  I  A  L  A
Q  T  B  Q  O  M  I  A  M  V  O  C  G  U  R  A  V
U  L  C  H  N  P  B  C  R  F  I  S  N  S  I  F  A
D  L  C  M  A  L  N  S  E  T  N  S  A  U  N  Y  R
T  P  R  A  T  S  S  E  N  R  E  H  T  E  G  O  T
P  S  E  X  E  J  F  A  T  L  P  R  M  H  R  P  X
J  H  D  U  T  A  M  V  F  F  K  P  N  B  U  G  E
L  K  N  H  S  O  M  I  A  R  J  N  A  K  T  Q  R
J  S  E  W  R  F  S  V  S  L  D  M  D  Q  D  B  O
B  Z  T  C  A  H  O  M  A  W  E  Y  Q  R  M  U  V
S  M  Y  D  N  M  G  N  I  M  O  C  L  E  W  C  K
```

ADAPTIVE	AFFECTIONATE	AGREEABLE
APPRECIATIVE	EXTRAVAGANT	HEALTHY
JOVIAL	REASONABLE	ROMANTIC
SAFE	SHARING	TENDER
TOGETHERNESS	UNSELFISH	WELCOMING

Hug & Seek

```
K  S  B  W  T  U  X  S  V  U  T  B  G  U  O  K  H  W
J  G  Z  P  X  E  G  V  Z  W  W  N  N  L  X  D  L  P
S  E  N  T  I  M  E  N  T  A  L  S  I  A  I  Y  J  C
A  Q  R  I  I  S  O  W  I  L  S  J  D  N  N  I  D  N
T  Y  V  M  D  J  U  Z  S  D  W  O  L  O  L  W  F  H
W  N  D  D  X  N  V  O  E  C  R  X  E  I  R  Q  J  R
J  D  A  I  U  K  A  D  L  A  G  J  I  T  P  C  P  E
N  Q  U  S  E  E  N  T  B  U  X  M  Y  I  Q  V  L  D
A  M  U  C  A  I  P  L  S  O  P  E  G  D  R  K  S  K
T  Y  P  R  M  E  E  U  R  R  N  U  E  N  U  I  V  G
U  A  A  E  Q  J  L  D  J  V  E  D  R  O  X  H  X  L
R  Z  K  T  U  F  B  P  E  Y  N  D  I  C  L  W  Z  V
A  I  U  E  G  H  A  Q  F  V  D  B  N  N  S  R  W  D
L  W  L  T  V  M  T  L  V  N  O  F  Q  U  G  R  U  A
Z  B  R  Y  G  Z  S  A  B  O  X  T  V  G  W  R  M  Q
L  D  T  F  Q  R  I  R  L  Y  R  S  E  G  X  F  S  M
Z  I  Y  P  Y  M  X  E  C  A  N  D  I  D  O  P  G  D
O  U  O  O  E  V  Q  A  B  N  N  V  U  T  F  D  Q  E
```

ADORABLE
DEVOTED
NATURAL
SENTIMENTAL
UNCONDITIONAL

BONDING
DISCRETE
PLEASANT
STABLE
UNDERSTANDING

CANDID
LIKE MINDED
SCRUPULOUS
SWEET
YIELDING

Hug Me If You Can

```
N Y Q H R W Y Z S I D R Z G Y X P E
F E T R O P P U S D V C A G R C N Y
H L L I I I K L M V D A S K P O T R
N B E W L I B R O O I S Y S A M Z B
O I J J F I C M D V E W V S R M L V
U S P U W Z B U A N L I L C T I G D
H N O I T A C I N U M M O C N T C Q
D O I U H O G E T N Z Y C D E M Y S
L P Y Q Q S P F O A U E A A R E A H
B S C Q U O D I U M P H P P S N H L
N E A W A E T N M L G M Y E H T X T
L R M P Z C N B E I N T O A I L Y X
J W I X E Z J M O I L S C C P X C S
E A T N A S Y D O A R F A E A P A Q
K H N T V V K V Y A L F C F P H Q G
M O I E S I M O R P M O C U X S U I
C B J J Y V L N Q W N E O L J A E E
I G Y F D O J M Q B V D K H R J J R
```

COMMITMENT	COMMUNICATION	COMPATIBILITY
COMPROMISE	CONNECTION	FRIENDSHIP
INTIMACY	LOYALTY	OPENNESS
PARTNERSHIP	PEACEFUL	RESPECT
RESPONSIBLE	SUPPORT	UNIQUE

Tenderhearted

```
D L I L Y Q E P X K I N Y O V A X T U G C U C
I N E L H J M E A S Z Q W V L B I B T F X V T
D E F C B T E C C K O U N V J N S V T Y E T T
H I M T N U Z N R P B Y O K X P K P D K G U K
Q F B E G E J E R R I S I I E S S X W E G U F
A I S M M L D D X S Z G T Q U E Z P C Q P J K
J Y T W K Z N N L X W S U J I B J N X N T J B
E O S P Y Q O E E Y O R L R K F A B H U W I N
W F E N L R I P I P L J O A C M U M R N M H O
U T R C I W T E P C E M S B O U N D A R I E S
V E E Q R R O D L L E D E R B G Q C A U C J C
L O T J E U V N H M L B R B U U L H I R O J D
V B N U D B E I G Y E G T E A L T A V D F Z W
P C I K Y S D N X E V W C L T Z A G U U H G A
O R L E S Q I R S C O W I I E N M Q W T G A B
J A A O C D A M A N R T L B M E I Q B M U L Q
E H U V L T I F C A Y D F G R P S V W K J M R
A Z T I R U V W R T R V N Q U C P V W M N G M
J W U H H C U I P E M O T I O N A L B O N D
M B M Q O Z J M F E L R C N D Z Z X D V A J B
N F G T B R E U I C T A D M Y I D X I A T C W
E B R S M C G V C C E A P O L O G Y K G R O J
A W E U B E J G E A S M L B E G U R E C K P K
```

ACCEPTANCE

APOLOGY

BOUNDARIES

BUILDING MEMORIES

CONFLICT RESOLUTION

DEVOTION

EMOTIONAL BOND

GROWTH

INDEPENDENCE

INTERDEPENDENCE

MUTUAL GOALS

MUTUAL INTERESTS

QUALITY TIME

ROMANCE

SACRIFICE

Support System

```
X S S M A E R D G N I D L I U B G G V X R Q
W P N G C J F E C N A L A B E J A W S Y L O
Z I N T U I T I O N U R T U R E Q Y S O K G
I H V Z V G F Y L U J O X P S Q M F V Z W I
K S U T S Q B R A L C C P L N P S N J Z U N
G N I N E T S I L E V I T C A S S X C X O V
P O V C C H J B F J Y C X T E A I C K Q A D
N I X E E O E O R G A F H N E Z G J S L Q Y
F N Z N N V N N I W B Y E R Q X P N I F H N
K A F N U C S D U V O V Y U U M A D P R D O
Y P K Z S L O E I K I T Y M A C A Z X O J I
A M R Q Q Z M U L T N C L M L T U A Q G N T
H O B G N Z H T R I I B T Y I Y Q R Z W V A
N C I D Q K B O T A R O V O T N R N L U X R
P Y Z U A O P K R T G G N P Y E U A J R W O
F X F T F P Q G V G A E Q A M Y K N X F F B
Q H B T U S E V G G A K M W L G C P O H D A
T A K S X F B H E B N V T E C L U X S Q H L
R B D E D H X G R E H O O Z N C O O D G B L
L P B J H G Q D S N Y Z F H W T U V Z C C O
C W R J C H C U H U P C R E L B I X E L F C
R J S N S Q D H X W L O E Y Q Q U C A T N P
```

ACTIVE LISTENING

BALANCE

BOND

BUILDING DREAMS

COLLABORATION

COMPANIONSHIP

ENCOURAGEMENT

EQUALITY

FLEXIBLE

INTUITION

NURTURE

SUPPORTIVENESS

SYMPATHY

UNCONDITIONAL LOVE

VALIDATION

Running Wild 1

```
M N V B F J Q U B U S D Y U W V R Q Y V O
F G G W D U Y K T R E C U T J P U U J U I
R U N N I N G S H O E S B J R X I U X P Z
I C I X V U G N I C A R X F G A Z O J V Z
S P N T W T W E I Q F H R I N Y I E W H E
H R I N E V Y W W N A I X N V L O L F B L
T Y A B W C P L A Z N A V I V M X V Q H D
K W R L E U A C U C S U R S H D H M O Q Z
Z U T Q U H G Z T R W U R H U F L T C A K
O K L S G C Y H T O C O O L D O W N R G G
L W A F B P S M E S Z R Y I L Y Z H S L O
U J V M Y I X A Y S M F O N L I M K V U Z
B B R O J F F E V C Z E A E J D H J G Z P
O D E X L O R T N O C H T A E R B D T Q W
L U T C U O E Q W U I P G Q W G W Y K G O
K U N L N M B T I N B D U I S T R I D E O
H Z I T W E H H K T H O R R P N T U R Z H
I B E M Y X D C B R L A M A C B Z P Q I J
I H X A B K A A I Y Q V C V C E G Y W P P
O C M X R R D U C P A E D T Q A G E L L G
Z A W X T H T V R A E G G N I N N U R V J
```

BREATH CONTROL
COOL DOWN
HILL RUNNING
RACING
STRIDE

CADENCE
CROSS COUNTRY
INTERVAL TRAINING
RUNNING GEAR
TRACK

CARDIOVASCULAR
FINISH LINE
PACE
RUNNING SHOES
TRAIL

Running Wild 2

```
I  K  R  A  C  E  S  T  R  A  T  E  G  Y  C  K  W  B  F
V  N  R  U  N  N  E  R  S  H  I  G  H  G  I  S  I  O  U
J  G  V  C  R  O  S  S  T  R  A  I  N  I  N  G  D  X  D
Y  D  A  R  H  X  B  Y  N  Q  L  W  S  T  L  X  P  G  A
P  Y  B  T  Y  S  B  T  H  L  B  P  K  S  J  K  P  S  Y
N  N  P  D  M  R  O  F  R  T  L  T  C  E  V  G  L  U  I
C  D  O  Q  N  H  E  E  Z  I  S  S  O  B  R  C  D  V  W
J  Q  F  I  Q  T  P  V  T  X  R  J  L  L  N  N  B  A  D
J  Z  R  O  T  E  P  T  O  U  R  C  B  A  U  O  T  K  M
G  V  R  B  A  A  I  E  R  C  T  Y  G  N  T  E  C  N  N
C  E  I  T  W  M  R  Q  E  C  E  I  N  O  R  O  Y  S  K
M  Q  S  X  E  M  R  D  H  U  O  R  I  S  I  X  Q  W  N
P  E  H  S  U  X  F  O  Y  R  M  D  T  R  T  O  Z  N  Z
J  E  D  W  X  O  H  Z  L  H  N  A  R  E  I  T  I  I  Z
D  Y  R  A  C  E  B  I  B  L  T  B  A  P  O  D  L  V  O
T  U  W  T  L  G  K  L  H  I  I  E  T  T  N  W  E  G  F
I  I  Y  H  I  S  Y  J  O  U  Q  N  S  P  H  G  H  Y  M
Y  K  W  U  N  S  B  N  U  C  Q  V  G  I  I  X  X  A  E
F  Y  F  Y  E  G  S  Z  A  J  V  W  T  X  F  N  H  D  F
```

CROSS TRAINING FOAM ROLLING FORM
HILL REPEATS HYDRATION MEDALS
NUTRITION PERSONAL BEST RACE BIB
RACE STRATEGY RECOVERY RUNNERS HIGH
SPLIT TIMES STARTING BLOCKS WATER STATIONS

Calorie Burn 1

```
D K T R A B P U L L U P J O R V Y J Z Q W N
Z E X E E J I S E Q G C F U B N G W U I G C
G P Y S Z N K C C O S G X R A G E T W V R J
K O U I E N I H C A M G N I W O R I Q Q C R
H R E S Q Q L A U R X T U R K W A R I I W M
S P E T H S D L R R B M F R I C T W G D Y P
D M D A Q U T L A T W H Z Y K M X O M O M I
B U J N D G P A E B L O G Z K G U V G P H S
E J E C Q M W B T D E A G I A V F A A D C N
G G G E Q A C Y A I B N C I U U M U L U N K
W P M B N U E T H R O W I I N A Y S R G E M
J W O A C Q T I O I S N L C T F Q N B T B S
H A Z N B A M L R O T U A M I P D G T H T K
M K A D F I L I A B E G B R T D I L I Q H V
K R N S Q E Q B G A D I D O Y M E L E P G P
E K B P R J V A D V S X P E D B T M L X I K
Q S R H N T T R W R D T E H I R L E E V
Y J P G N V G S R Z N D Q L C Z G K C X W V
R O U O I F O A M R O L L E R R H F E H C K
L N J G D M Q V U N C S X N D B S Q Z G J J
H E X E R C I S E B A L L W I F I U Q M A T
K D V T M J Q K P O Y E K A F F S L H X L C
```

AB ROLLER
FOAM ROLLER
MEDICINE BALL
RESISTANCE BANDS
STATIONARY BIKE

ELLIPTICAL TRAINER
JUMP ROPE
PULL UP BAR
ROWING MACHINE
WEIGHT BENCH

EXERCISE BALL
KETTLEBELLS
PUSH UP BARS
STABILITY BALL
YOGA MAT

Calorie Burn 2

```
C E E Y E Z Q E M B P O X J B V P O M F Z Y A
D C N N N A W N T Q A T C O A W H X W F P X X
R C I I I H P I M E K K Q G X E D K B Q Y Z V
A A H S H H G H I M E X S L J I X S C R Z K X
O B C G C C C J G A B G N I H C N U P K A F
B L A A A N A A Z T B F K V T J S P P P X F E
E E M M M B S M M R O F T A L P P E T S T N B
C M L V S X Y H R N F O U E K W H A Y O I S Y
N A R M S H E T N E W A L S I F X E Y H W Z A
A C U P E S Z I K G V O H Y Q M S P C V M E C
L H C X R Q I M L O Q O D K Z L T A X A T R W
A I G U P J P S L U U B S L E B M O D T R Q W
B N E Y T L R P V L L X V S L N V G S U X U E
L E L F S U Q K D C Z N P U O U P L E F S B K
Y P D Y E R V E N Y T F B I O R P U Y L U J I
H L H O H Y R Y M Y G I S A I W C T V L S W B
Z N Y F C P P S G Q S N T N B D E W A H P B N
Z B O F R M Y D S E E T A B V D M W U L E K I
I S E E Y K S E A T E D R O W M A C H I N E P
C A S J N N I T X I Y R Q V A G V C R T S R S
Y S A G S A N E T C W D D J I V V L Y E I O W
C N Y K L E G P R E S S M A C H I N E J O Q J
S C H Z U E L I U U R S G Z V U B W F L N E Q
```

BALANCE BOARD

CABLE MACHINE

CHEST PRESS MACHINE

CROSSOVER MACHINE

EXTENSION MACHINE

LAT PULLDOWN MACHINE

LEG CURL MACHINE

LEG PRESS MACHINE

PUNCHING BAG

SEATED ROW MACHINE

SHOULDER PRESS

SMITH MACHINE

SPIN BIKE

STEP PLATFORM

TRX SUSPENSION

Calorie Burn 3

```
T  G  U  U  K  D  D  S  A  N  D  B  A  G  S  S  B  K  Y  G  R  O  P
A  H  R  J  Y  M  D  E  L  S  R  E  L  W  O  R  P  R  X  J  E  N  N
Z  X  E  J  K  O  R  D  A  D  E  N  I  H  C  A  M  E  T  U  L  G  C
R  M  B  C  S  D  A  I  R  Z  S  H  L  P  J  Y  L  B  H  A  P  Y  T
T  B  M  D  R  Q  O  R  F  R  I  N  G  G  I  J  F  S  Z  G  Y  W  C
R  A  I  L  P  G  B  H  A  K  S  A  K  U  H  S  T  Q  W  I  M  G  A
J  Y  L  E  P  Q  E  C  V  U  T  C  F  V  T  E  G  C  D  L  T  W  V
C  Z  C  B  K  M  L  I  M  Q  A  C  N  H  P  C  Y  J  Y  I  U  R  T
E  Z  R  U  T  V  B  C  N  R  N  W  G  P  C  E  G  W  E  T  N  P  Z
C  I  I  G  L  F  B  R  R  V  C  I  E  T  R  G  P  Y  O  Y  I  S  R
J  U  A  B  J  F  O  E  I  L  E  R  T  O  L  M  E  R  V  L  P  N  P
Z  K  T  U  M  F  W  X  G  W  M  R  Z  J  R  Y  L  G  A  A  A  K  B
Y  H  S  A  W  O  M  U  E  A  A  T  S  A  V  S  Y  T  Z  D  K  I  K
B  Y  A  X  P  T  P  L  C  S  C  F  R  I  E  V  E  H  A  D  J  L  Z
R  M  O  U  Z  I  K  H  T  R  H  U  B  P  O  S  E  K  W  E  H  W  I
F  D  O  G  N  N  I  L  L  E  I  A  O  V  R  N  E  K  T  R  C  L  G
O  O  A  K  A  N  S  R  I  D  N  R  Y  E  C  Q  T  J  X  B  V  W  L
B  D  Z  X  E  B  R  N  U  I  E  C  F  E  L  P  G  A  S  F  L  M  G
T  D  B  I  P  K  L  J  E  L  S  O  I  D  H  W  F  O  B  Y  U  D  H
K  S  I  O  P  N  O  O  T  S  R  W  W  V  B  L  Y  Q  Z  L  C  Q  A
Q  B  W  F  Q  N  B  T  C  M  I  L  B  E  A  E  N  E  Q  X  E  X  K
P  Y  Z  M  C  Q  A  O  E  K  T  H  W  E  V  A  Q  A  I  I  X  H  F
C  E  X  F  V  B  S  R  O  B  S  B  O  U  C  P  W  K  Q  B  W  W  K
```

AGILITY LADDER
GLUTE MACHINE
POWER RACK
SANDBAG
STEPPER MACHINE

ANKLE WEIGHTS
INVERSION TABLE
PROWLER SLED
SLIDERS
WOBBLE BOARD

BATTLE ROPES
PILATES REFORMER
RESISTANCE MACHINES
STAIR CLIMBER
YOGA BLOCKS

Calorie Burn 4

```
Z  S  M  S  B  N  B  R  S  V  J  C  D  X  E  H  C  D
Z  O  Y  Y  X  T  E  Z  W  R  N  L  I  B  F  I  U  E
R  C  I  O  W  C  Y  Q  E  A  Z  P  L  O  Z  H  L  G
Q  P  Y  A  P  V  X  S  D  N  A  B  X  R  T  W  N  R
O  J  L  W  M  N  E  L  Y  G  C  A  H  M  G  N  V  C
S  N  A  Y  I  E  R  E  P  E  T  I  T  I  O  N  K  G
M  P  G  K  O  H  I  H  A  O  Z  E  G  D  T  H  V  A
C  A  U  Q  R  M  E  Y  F  F  I  O  N  R  Z  F  T  N
V  D  T  O  H  C  E  V  D  M  D  B  E  V  M  Q  L  A
Q  N  Y  U  R  A  C  T  S  O  T  A  R  I  H  Q  O  E
Z  P  D  G  T  G  N  N  R  T  B  O  T  C  V  K  W  R
C  L  O  A  D  F  E  E  K  I  D  R  S  P  U  U  E  O
C  I  B  O  R  E  A  L  A  O  C  V  E  U  U  C  R  B
J  A  L  A  O  R  V  B  C  N  A  S  T  P  Q  N  B  I
T  L  L  O  B  O  D  U  S  S  Z  K  C  L  P  G  O  C
Z  V  U  A  B  C  X  U  N  B  U  D  V  Y  B  U  D  C
O  O  F  W  M  M  R  R  H  E  E  M  A  Q  B  S  Y  W
K  S  B  D  Z  L  W  D  P  R  N  H  E  D  J  C  B  G
```

ABS

AEROBIC

ANAEROBIC

CORE

FULL BODY

LOWER BODY

MUSCLE GROUPS

PLYOMETRICS

RANGE OF MOTION

REPETITION

SET

STRENGTH

TABATA

TRX BANDS

UPPER BODY

Calorie Burn 5

```
P M U J K O U S L U E H P M K Y G A Y D R H Y S
X L S P F K G S F V H A G D K F A T I G U E M L
L D L E N U H A T R X V T L C S B V A N B J E L
D M F R Q Q N L G E U U J O P A V N Q O K J T E
W A Z S E S I C R E X E O I D R A C D C E K U S
Y W F O I Y E S T K T E M O N D O Y S W L Q N Y
K G F N U L N S F I T R R T C N W G E C I F V X
W B K A X U T E Q W O T A C V E T Y R N G F T C
I C V L J G H N H A Z N G I I D H G H E Z D G I
U V F T R T O T Q Q T H A G N S G C N V S D Y R
U M P R W K W I P M U S H L J I E J I L L S U T
A F Z A F N D F F O A T L G T T N P M Z U V M E
Y T O I J P Z P L W E F B S W R G G R N M G M M
B T P N W T N U T X T V F H G I A Q P O X I F O
I V U E C L F O E G A W V Y Y K W I O L G H C S
O K W R A O O R E H L Y V A P D Q U N C A R R I
F R M I J X C G L Z P D L A X Y Q L X I E N A D
Y G N I N I A R T E C N A T S I S E R S N Z D M
Q B O G S Q K D M C P R B E L Z U F T Z F G A V
Y A J E W Z T W F J H L U D Z R Z J E D K P C N
L J S W E Y L V R T U L Z K E R C Y M X I N U E
E Z X E N I T U O R T U O K R O W P X J W D X R
B R B X I E C Z N K L X L I Q F P Q G Y U Q P B
I U V G M Y U H J L Y P Z J I V M Z L V E F U
```

BODYWEIGHT EXERCISES CARDIO EXERCISES EXERCISE PROGRAM
FATIGUE FUNCTIONAL TRAINING GROUP FITNESS CLASS
ISOMETRIC PERSONAL TRAINER PLATEAU
PROGRESS RESISTANCE TRAINING REST
TECHNIQUE TRAINING PLAN WORKOUT ROUTINE

Calorie Burn 6

```
I  U  P  H  I  L  L  C  Y  C  L  I  N  G  C  W  E  W  G  B  W  R
U  E  T  E  T  Z  G  Z  N  I  R  M  F  U  X  P  A  G  N  J  G  J
X  U  V  K  R  U  O  J  M  P  V  S  Q  F  L  W  H  S  I  F  T  K
F  X  V  O  U  Z  E  A  L  Y  I  Q  S  E  S  Z  R  N  M  I  D  G
S  W  M  R  Z  X  G  D  X  S  M  Y  K  L  F  E  A  O  M  X  R  B
F  O  Z  T  Y  D  N  W  A  P  J  C  G  W  B  R  O  W  I  N  G  C
B  E  M  S  X  M  A  W  Q  I  O  Y  N  M  U  H  M  U  W  C  V  K
F  N  B  T  R  D  R  N  J  N  N  C  I  Q  J  J  X  I  S  I  M  C
A  H  Y  S  N  S  S  N  C  N  H  L  L  B  P  Y  R  E  R  V  A
N  H  B  A  C  X  F  L  M  I  C  I  C  Z  V  Z  S  E  L  C  D  J
W  V  S  E  N  H  H  L  G  N  N  N  Y  Y  A  Y  L  K  Y  U  I  G
J  U  N  R  U  A  Z  H  I  G  K  G  C  S  B  C  K  J  T  I  J  N
Z  H  L  B  O  Y  K  A  E  C  Q  I  R  Z  B  B  E  A  S  T  O  I
X  K  Z  K  J  N  T  O  S  L  F  N  O  D  S  V  Z  S  E  T  N  P
M  M  P  L  E  N  Q  U  T  A  M  T  O  U  G  Q  G  A  E  R  K  M
E  B  U  E  U  P  K  V  L  S  F  E  D  Y  A  H  F  I  R  A  Q  U
N  C  S  O  D  G  O  J  S  S  V  R  T  Q  N  L  D  C  F  I  H  J
Z  U  M  G  S  N  R  B  B  E  C  V  U  K  J  H  L  E  E  N  A  G
S  L  L  Z  C  A  F  O  T  S  C  A  O  T  N  Q  U  S  J  I  O  C
O  V  X  O  B  U  T  T  E  R  F  L  Y  S  T  R  O  K  E  N  T  T
I  P  B  E  U  J  I  L  K  W  G  S  Q  U  V  Y  E  B  T  G  Z  B
Y  G  N  I  X  O  B  K  C  I  K  O  I  D  R  A  C  O  Z  F  L  B
```

UPHILL CYCLING
OUTDOOR CYCLING
JUMPING JACK
DANCING
CARDIO KICKBOXING

SPINNING CLASSES
MOUNTAIN CLIMBERS
HIGH KNEES
CYCLING INTERVALS
BUTTERFLY STROKE

ROWING
KICKBOXING
FREESTYLE SWIMMING
CIRCUIT TRAINING
BREASTSTROKE

Take A Deep Breath

```
V Q P M P F C B P B T U N E Y P H L
F T W R T A E R T E R F U G S P U C
V B N N J W M S D C A D A A Q S B A
L T X E A L L P O R N E P S R S V L
H G Z Z M X F O E Q Q L Q S G E K L
A E J L V T W L Y R U I S A U N A L
M X O H A I A P P Z I Q L M U L V S
R S O B Y X B E A I L N N J Q L S T
G P D U A D U J R W I K G K D E Q E
I D D T T I R L E T T R L A E W X A
F E I T Q Z B O H F Y Y T U A E B M
M O S O C Z U W T A A D R B W S Z R
N P D H Z U X A A H T C O R I J H O
E J F K O C A M M N E Y I B U W M O
L S U O S A X P O X C R L A R K I M
Q G K Y A J F Y R W Z C A W L X O Y
F E H O N W B T A D F Q O P W F M L
K Y R Z M V P Z K N M J B I Y D W A
```

AROMATHERAPY

BEAUTY

BODY TREATMENT

FACIAL

HOT TUB

HYDROTHERAPY

JACUZZI

MASSAGE

PAMPERING

RELAXATION

RETREAT

SAUNA

STEAM ROOM

TRANQUILITY

WELLNESS

Relaxation Retreat 1

```
F  E  I  L  E  R  S  S  E  R  T  S  J  S  D  B  Z  J  C
F  N  E  U  R  E  B  A  L  A  N  C  E  U  C  O  F  U  Z
I  P  X  X  Z  J  R  Z  W  I  O  C  G  I  Z  R  A  E  T
O  C  F  U  H  U  I  U  D  F  A  V  P  C  B  M  U  D  L
F  T  O  R  D  V  N  W  C  K  R  J  H  P  N  A  R  B  O
I  L  L  Y  P  E  F  O  J  I  S  F  J  E  W  H  E  E  Z
I  C  I  F  T  N  T  C  X  N  O  D  G  A  T  V  W  M
Y  T  A  Z  L  A  T  O  T  N  O  A  C  Z  J  L  I  N  R
Z  U  T  X  R  T  G  I  X  O  J  Y  M  J  D  F  T  R  Y
S  W  I  S  L  I  O  G  N  I  G  A  S  S  A  M  A  H  Z
O  C  O  R  V  O  Q  L  Z  T  F  E  P  E  P  A  L  I  X
A  W  N  W  D  N  M  Y  Q  A  W  I  D  S  R  X  I  J  E
T  G  B  U  O  H  H  I  V  T  W  A  C  C  Y  Y  Z  R  F
V  M  T  U  J  E  U  I  C  I  C  C  S  A  B  O  A  M  M
O  D  B  M  H  E  M  O  G  D  D  J  J  P  T  W  T  L  A
Y  P  P  E  D  I  C  U  R  E  T  M  G  E  Z  I  I  O  B
L  R  E  L  A  X  I  N  G  M  U  S  I  C  D  X  O  D  B
I  F  J  V  M  Q  M  T  O  J  G  D  L  N  G  B  N  N  J
J  F  V  Q  R  V  H  N  A  Y  K  Y  C  C  P  R  Q  Z  V
```

DETOXIFICATION
HEALTH
MASSAGING OILS
REBALANCE
REVITALIZATION

ESCAPE
LUXURY
MEDITATION
REJUVENATION
SCRUB

EXFOLIATION
MANICURE
PEDICURE
RELAXING MUSIC
STRESS RELIEF

Relaxation Retreat 2

```
M I D N N L W A D O V Z E X S S E Q A F H J T F
T Y W P T L D F T W G F N E Z S F J D M B J W S
I O N V B R T A K T H K M U O B E P C E S L P X
O C T T Z S A C P N S E S P D S D H A D E C L X
I O C A R G H N N V O H R S Y R J U G I I X B W
B K T H F L Q D Q C N M E B J U T I X T P Q N E
S C L L K X L L K U X C P D A Y A U R A A F P F
D F B Q K K Y O K P I Y A E T L J S V T R A J X
G K I I G D U T O L O L T R Q Y T Y B I E D U S
V Y Z G O O L F S P A H E A F Q G E A O H E V W
A C K R M X T R K V E A W N V O M U A N T B C K
F U U C K T E A C R T G N M V Q K M Z R S E Z T
N K O U O B E J M M B T N X Z I Q A H O S Z V P
E P V S M Z Q A E L E S Z U P A R D S O E C E J
H K I U F Z L N B E R A C F L E S O W M N J S M
Y B C N D B T Y G B E F M L G P J C N B L S M X
T U B U A S C N Y B R M M Z B M D Q V M L Y O X
C A P T E G N U O L N O I T A X A L E R E C O M
W H H H F W C R S S D R B L C L K S O L W N R G
G S I E M M A C X Y Y M T D Q D O B V C W O T Q
E H A L X P F V P K S M O O R L A M R E H T L M
X B E G S V E S S E N T I A L O I L S M T S A L
V G A N E O I K H G Q G I C G K Q J E F J Z S M
Z Q E B T L G K T A E R T E R S S E N L L E W R
```

BEAUTY TREATMENTS
ESSENTIAL OILS
RELAXATION LOUNGE
SPA ROBE
TRANQUIL ENVIRONMENT

COLD PLUNGE POOL
HERBAL TEA
SALT ROOM
THERMAL BATHS
WELLNESS RETREAT

CUCUMBER SLICES
MEDITATION ROOM
SELF CARE
THERMAL ROOMS
WELLNESS THERAPIES

Beauty Bliss 1

```
X  D  S  L  S  G  A  A  U  Q  O  P  B  D  M  A
C  Y  U  C  J  H  G  T  G  C  B  R  X  C  C  T
C  S  O  V  V  C  F  T  H  A  N  D  S  O  M  E
L  U  R  E  Y  F  U  R  K  P  Y  T  T  E  R  P
B  O  O  H  X  K  Q  A  D  T  R  P  R  H  F  C
Q  E  M  S  F  Q  J  C  Y  I  T  T  I  U  L  I
S  G  A  T  E  D  U  T  Q  V  I  K  K  D  A  N
T  R  L  U  Y  K  B  I  M  A  E  Y  I  A  W  P
C  O  G  N  T  L  D  V  S  T  L  S  N  T  L  D
J  G  F  N  B  I  E  E  U  I  P  I  G  U  E  F
G  J  A  I  J  T  F  V  H  N  T  D  V  J  S  S
B  O  R  N  I  C  U  U  O  G  Z  E  M  P  S  E
Q  N  R  G  N  I  R  U  L  L  A  U  O  P  E  R
Y  B  T  A  M  E  S  M  E  R  I  Z  I  N  G  R
A  G  J  F  H  X  J  T  G  O  H  W  I  S  O  P
U  B  J  S  I  N  A  P  P  E  A  L  I  N  G  U
```

ALLURING	APPEALING	ATTRACTIVE
BEAUTIFUL	CAPTIVATING	EXQUISITE
FLAWLESS	GLAMOROUS	GORGEOUS
HANDSOME	LOVELY	MESMERIZING
PRETTY	STRIKING	STUNNING

Beauty Bliss 2

```
N  M  M  B  P  I  P  M  N  C  U  F  C  S  G  D  K  E
S  W  M  O  T  K  X  S  S  P  H  L  A  Y  R  R  Q  Q
H  F  A  S  H  I  O  N  A  B  L  E  A  N  O  Y  A  U
S  O  O  O  J  F  S  C  J  E  X  E  S  I  O  P  O  O
I  H  K  X  M  X  S  C  S  A  U  Y  B  O  M  Z  Q  K
L  W  A  Y  M  J  K  D  I  U  L  M  I  P  I  T  E  W
Y  U  C  I  L  F  I  Z  G  T  Y  A  W  H  N  Z  O  Y
T  M  K  I  R  G  N  B  U  Y  E  C  N  A  G  E  L  E
S  E  T  W  B  C  C  X  O  R  E  M  E  W  H  A  J  M
J  S  P  Y  T  I  A  Z  P  O  L  I  S  H  E  D  B  R
L  K  M  S  J  W  R  R  T  U  C  Q  P  O  Q  C  K  A
I  K  O  K  O  C  E  R  E  T  J  R  Q  G  C  C  S  H
Q  Q  J  M  A  K  E  U  P  I  V  U  K  P  Z  F  G  C
W  D  B  G  Q  N  V  U  C  N  R  O  E  F  I  L  F  A
A  F  W  Q  D  Q  E  Y  H  E  J  M  N  Q  K  X  X  N
P  J  Q  Y  C  U  G  N  I  T  N  A  H  C  N  E  S  L
F  S  G  K  G  U  M  M  D  Q  P  L  C  C  S  O  I  F
A  C  H  Z  T  E  X  J  K  Q  H  G  A  R  B  T  R  B
```

BEAUTY ROUTINE

CHARM

COSMETICS

ELEGANCE

ENCHANTING

FASHIONABLE

GLAMOUR

GROOMING

HAIRCARE

MAKEUP

POISE

POLISHED

SKINCARE

STYLISH

TRENDY

Scent Sensation 1

```
Z Y Z C Y G W N M U F R A P Q N L H
H E P A G T G U E H X B O E C E S U
S X Q E N G O L O C C L K R U E S M
U O Q O N O E F Z S X P N F H X W W
J H T T D X Z S D C Y V N U L T B L
B E H Q G C J F S Y F S V M U D B P
S S S E E V L K O E T R C E O C N P
A L R X S N S U W R N E A E W L B M
V J V C Z G G S S F D C U G N X E M
L M T X Z E E O Z N G R E Q R T E M
Z C F Y E T T E L I O T E D U A E W
V G R O O S P P L O I O A S S O N Y
K R U N B B S P T U C J P S M S B T
O T P I V A W E A U D E P A R F U M
A O G Y Q M W S A P E K D M S D A C
T A Q J R O D O E D J N N U P V Q A
E E C N A R G A R F Z T Z Z A M X M
U V I K B A A Q K T E N I I V E V N
```

AROMA	BOUQUET	COLOGNE
EAU DE COLOGNE	EAU DE PARFUM	EAU DE TOILETTE
ESSENCE	FRAGRANCE	FRAGRANT
NOTES	ODOR	PARFUM
PERFUME	SCENT	TOP NOTES

Scent Sensation 2

```
Y  Z  L  V  W  R  A  N  J  M  Q  E  Z  J  S  T  A  P  C
P  M  Q  X  P  X  B  N  L  S  N  A  Y  O  C  O  U  F  F
O  I  P  W  Q  O  E  S  J  Q  T  F  K  X  E  J  F  Z  V
J  D  G  Z  T  I  R  P  S  W  C  U  D  E  N  H  K  H  R
C  D  M  T  G  B  G  R  X  L  F  F  C  L  T  I  K  V  L
D  L  L  N  O  W  L  A  M  M  N  T  L  Y  E  L  O  Q  M
R  E  C  R  I  D  A  Y  F  U  M  S  H  V  D  A  Y  V  U
T  N  E  C  S  E  R  U  T  A  N  G  I  S  O  T  E  P  T
Z  O  P  V  Q  X  O  V  F  H  U  B  X  R  I  N  P  J  L
K  T  N  Q  E  B  L  B  A  F  L  D  W  C  L  E  X  R  J
J  E  Q  P  B  R  F  F  V  P  E  F  I  Q  S  I  E  Q  Q
D  S  G  A  T  R  E  Z  I  M  O  T  A  E  P  R  C  W  Z
B  P  X  O  T  Q  Z  E  U  R  R  T  S  R  O  Z  G  M
F  C  T  W  D  M  Y  F  R  U  E  O  I  D  M  L  D  O  Z
D  M  U  K  B  K  R  C  S  A  N  V  E  Z  J  P  D  I  M
I  A  J  P  D  E  Z  P  P  E  R  F  U  M  E  R  Y  S  M
D  N  V  V  P  I  U  U  S  K  R  E  M  U  F  R  E  P  D
X  K  O  V  H  H  Z  A  A  Q  R  I  P  V  R  U  H  F  C
V  Q  Q  T  C  R  B  T  L  G  M  T  L  P  Z  K  W  B  N
```

ATOMIZER
CITRUS
ORIENTAL
PERFUMERY
SPRAY

BASE NOTES
FLORAL
PERFUMED
SCENTED OILS
SPRITZ

BOTTLE
MIDDLE NOTES
PERFUMER
SIGNATURE SCENT
VAPORIZER

Scent Sensation 3

```
Y N P E R F U M E C O L L E C T I O N D M Z
Y L G T V M R W C Q X Y P N Z O Z X D J D U
I G T A K I I E G L U G I W G L D P I Q F Q
L O G X A O T D S N Y D O M E Y F A G T K V
O U C Z L V F C U H U O H E F D U E C X F T
C W V T Y P K I U J Y O K R Y J M V K W K B
C K G H S O S U D L W A Z Z A R I H R K J
V T P A D Z I E P T E G B Z P S J Y G A B U
O M Z G O N X Q E E R S U E E B X H W T P Y
J U D N Z N E Z H A R C T Y R P K E B T M A
J S E N S U A L N T D F D S F N H B X G P H
X X E V Z A C B C D Y U Y U Z W N P Z A U
V T C O P M E I O E A M E M M S T L O W H J
K K E L H F A T O C M L M B E R A K R O K W
M X N I A A R O V W T U A L N H K Z J S D H
R A Q M P R O X U B Y P F I O F O U K S I O
C A I N B E M E U D R N R T V H U N M W
J L O N G L A S T I N G G O E S I J S M X C
Y K S U M B T E Y O Q E Q F S P O O W E J W
T R U G W O I Y D U P Y O Z O I D N U X L G
C E Y Y V E C J F P V F C S U C T E H S Q I
M O N F U P U F Q T P W O O D Y E C O E F R
```

AROMATIC

FRESH

PERFUME BLEND

PERFUME NOTES

SPICY

EXOTIC

LONG LASTING

PERFUME COLLECTION

SEDUCTIVE

SUBTLE

FRAGRANCE FAMILY

MUSKY

PERFUME HOUSE

SENSUAL

WOODY

Scent Sensation 4

```
S W G C W G I U F S P S G Y R V U A C F O E
I M G V B Z V K D P D T U E Y I D T I O D F
M A A N Q Z M C I P H E S O X V L A T Y A T
G D U H I E V I T A C O V E I T G P R O N K
U R H P F M U F E S B D J N G R R Y U U O W
Z E H M E Q L G Y P M T V W U Z U E S K I N
X N D I J E Y A N T R I C R C P L X Y M C R
U K L E Q U J V C I G B M E M B P M U H I B
Q S A E C Z O V H O P L G G J E T W V L F X
C O U C U M I S R V T O L Q R J R Y V A A V
D O S E L Q N A L E X H L F N E N M S C E P
F T N N O E T J H O U O U E C S Z U T I M E
B H Z E F I O H N K S M B O V C R N E T U C
W I A R N M X A T Q E G P B V N E S S S F S
T N Q G W Y I H O B X V J N I V E H P Y R S
O G Q I L R C C O M P W A W E A P M P M E A
Y U U Z Y X A T Q H N K O G T I C N K Y P E
Z W C I P L T B W N J G L Y D E S P X K W O
S U D N A L I N T R I G U I N G B K A V S J
L Z V G E G N I T F I L P U J G Q L T P U E
F H B G B M G T P T S L T H A B O F Q J Z A
H H K X R J Q E B B B I X Q U M J A X T K B
```

AIRY
ENERGIZING
INTOXICATING
LUXURIOUS
PERFUME BOTTLE

CALMING
ENVELOPING
INTRIGUING
MYSTICAL
SOOTHING

CITRUSY
EVOCATIVE
INVIGORATING
PERFUME AFICIONADO
UPLIFTING

Bodily Clues 1

```
I  P  S  F  S  O  I  B  E  H  S  Z  M  W  N  D  I  V  U  N  J  W
P  O  L  D  A  W  U  B  D  X  F  R  N  G  M  B  D  G  A  O  V  L
I  P  Y  A  D  R  C  P  G  O  H  O  U  K  Y  Z  O  O  H  B  X  A  Y
O  W  N  T  C  D  I  R  P  D  V  A  B  K  F  D  P  C  O  S  X  Z
S  Z  G  Y  W  Z  H  A  Y  Q  Y  V  T  P  O  Y  H  X  D  P  S  Z
T  Z  I  A  A  A  A  L  L  G  Z  P  G  Q  V  G  A  V  Y  I  I  R
U  K  S  O  I  G  N  F  S  E  S  R  O  K  M  E  K  B  M  J  S  U
R  T  Y  Y  A  Q  D  S  C  E  X  I  Y  S  M  S  D  D  O  I  Y  N
E  X  D  M  M  B  M  V  P  N  U  P  U  S  T  T  D  S  V  M  Q  S
Y  T  O  U  F  E  O  N  I  D  H  C  R  I  H  U  W  Z  E  W  F  S
E  S  B  U  U  K  V  D  O  S  F  P  L  E  E  R  R  M  M  D  R  B
C  Y  P  D  U  J  E  B  Y  I  C  P  G  A  S  E  T  E  E  G  A  E
O  J  N  G  F  A  M  M  I  S  T  B  O  V  C  S  P  N  N  X  I  S
N  C  X  R  Q  X  E  H  F  I  T  I  G  U  G  I  I  B  T  O  N  E
T  R  H  C  N  Q  N  X  J  I  I  A  S  N  E  N  S  O  S  P  S  R
A  S  Y  W  P  Y  T  R  J  Q  K  T  N  O  I  B  I  Y  N  G  D  U
C  I  N  A  Y  M  S  O  B  S  O  U  T  C  P  G  A  D  H  S  G  T
T  R  P  S  N  W  D  S  V  B  T  A  B  W  E  Y  G  A  D  P  T  S
Y  O  L  M  A  X  T  U  C  T  Q  I  W  Q  F  F  D  U  H  O  Q  E
Z  L  D  G  B  I  P  Q  N  K  B  D  X  M  I  R  R  O  R  I  N  G
V  L  L  V  V  I  Q  N  Y  H  K  A  E  U  Y  F  O  C  B  H  V
C  K  S  G  V  L  N  E  Q  C  O  C  U  Z  C  C  U  P  B  F  S  Z
```

BODY GESTURES   BODY MOVEMENTS   BODY POSITION
BODY POSTURE   BODY SIGNALS   BODY STANCE
EYE CONTACT   FACIAL EXPRESSIONS   GESTURES
HAND MOVEMENTS   MIRRORING   NODDING
PHYSICAL CUES   POSTURE   SHRUGGING

Bodily Clues 2

```
L I T M C F B A T A I E B I D J X X E
E Y N Y H L P F A F V I J G C C L O D
G P N H A E E X D G T D R J U G E C T
C M K E N W N N G E A B U D F X A J K
R A N X D A A C C V P X B R F Z N E Y
O E R N S K S T X H P D B A O G I D K
S N Z H H Y Z E K P I F I W J V N M L
S S Y P A V K S C O N N N R C Q G J W
I W A W K Y J Y B A G U G O Y K B M F
N G I J E C N J H O F N H F L I A R L
G U N N S G F Q Z T I G A G I I C V F
E R P I K N L J Z J N I N N C S K O A
H E A D T I L T I N G Q D I R O T E D
V Z I I I N N F Z N E A S N H C C S X
N U F I T W I G W Y R W U A I C Q G H
C Z A I Z O W O Y C S L E E I P U A C
A M F X R R R S P X G N I L I M S O N
G Y V W M F O P E N P A L M S S D P T
C S M R A G N I S S O R C K R I O N X
```

CLENCHING FISTS

CROSSING ARMS

FROWNING

HANDSHAKES

HEAD TILTING

LEANING BACK

LEANING FORWARD

LEG CROSSING

OPEN PALMS

POINTING

RUBBING HANDS

SMILING

TAPPING FINGERS

TOUCHING FACE

WINKING

Bodily Clues 3

```
T S A T Q U F S A P G S X M Z A D E B L D Y Z E
G N I G G U H T H L M U F K Y Z L X Y J E W J P
U O E K R X W U X D S R E O Y E D Y Y J K M E W
K I U M S V H H Q S R E U R R W V C C N G H E P
Z S W B E F O O T P O I N T I N G A K M N O V X
C S N E R V O U S H A B I T S I O W N Z A C K H
L E U M F A O W H O X Y Z A S E S O P R E W O P
L R Z U U A T M O X M F C M J F I N A O C K V U
X P U L P Z T O Y U U Q N X E T A O F L U Y T S
D X D F X V W Q M R B W Y N A D D Z R E C W Z B
E E S C B J P P J L A T O T T E R S C Z W Y H M
Z O B O T B Y G U Y C T N B E L Y A A B L I P U
Y C V T U B Q P G P L E N M N P P H P A G F M H
L R E E R D Z G K A I E U U G S N V L H M F L T
T I S M O M Z C C R J L X V L J C V F P T K D B
W M T M J C G O O D O M D A Z O V I U F J J M X
X O R T D D V Y I V T O N I C G V Q S L L R H W
B Y X Z G T D T E D O O V R L E J N P H U K X O
S U U M R O W C S C S D X I S A M T I B B K R B
V P J L B M I Y X R W X B F O O T T A P P I N G
V L J O J O U G E M T P R O X I M I T Y M E L B
T B N F D W P O O G X V V H X G J O F P I E D
N Q J D I B D F F A E Q J Z G Z T O M X N C O Y G
Z T B Q Q L H R I R P R O U I X J E F N Y U D E
```

BODY ORIENTATION
HIGH FIVES
MIRCOEXPRESSIONS
POWER POSES
THUMBS UP

FOOT POINTING
HUGGING
NERVOUS HABITS
PROXIMITY
VOCAL TONE

FOOT TAPPING
INVOLUNTARY
MOVEMENT
PERSONAL SPACE
PUPIL DILATION
VOICE VOLUME

Wellness Wonderland 1

```
X I F A P S D J F H G H B V W D B W M C G M H U
E K J I K B Z J E F E K E W Q S D J U K S D A T
P U E J W R M Y G N E C B A F S Z F D O O D C B
P B N V S L U S M O L O N M L V O M J C P M X A
O E I Z R E J E D I E U O A E T V P H V L G C W
A X T Q S D S C D T G L U I T T H X N N B K N S
C U U L E X Y I S A U T R I Y P U Y T G Z A G E
E J O N E M S T C M I P I W N M E Q E P K S I B
E H R W S Q W C C R H R S S U N C C I A E L S Q
N X E V M H R A E I E V H U E F E P C L T D O N
Q R R K H Y E L F W X M J H L O R F A Y I M D
N M A Y G E A P F F Y H E A F H F C P F F R N I
P N C S U C T E Q A I K N G K E O L R E S L C G
I I F R F H G R D E H W T V N M N S O Y A S E J
A T L L O S O A B V D A C L P I P E Z V W C L S
K U E H D Z P C V I D P H A U A H P I K E N E J
P S S Y Z S F F Q T O S S L O R Z T H G G U Y G
R Z I U C Z K L J I E S U F B U Y I A P Y U Q L
V N F B V O Z E P S I C L W C M G L S E L H M H
M R V Y P A G S D O O M Y H L P S J I R R N E Q
V J W V L D Z N P J X T K C O S R D L D B L D
M D T Y C A T H N P S S E N L U F D N I M S U N
P W Q B E M G O I H N D G O Z O P R J C E P D X
S Q O S S E N E R A W A F L E S A D N X K E T E
```

BREATHING EXERCISES
INNER PEACE
POSITIVE AFFIRMATION
SELF CARE ROUTINE
SELF COMPASSION

HEALTHY EATING
MINDFULNESS
SELF CARE PRACTICES
SELF ACCEPTANCE
SELF LOVE

HYGIENE
NOURISHMENT
SELF CARE RITUALS
SELF AWARENESS
SPA DAY

Wellness Wonderland 2

```
J  R  I  B  K  B  R  V  A  V  Z  T  P  D  Q  G  D  X  L  D  U  U  J
E  O  M  F  D  T  A  P  F  L  M  I  E  C  H  H  N  K  D  I  O  N  N
P  Z  U  E  Y  F  N  G  N  I  D  A  E  R  V  O  U  L  J  H  X  N  U
V  C  D  R  M  C  I  E  J  S  V  F  E  A  I  B  C  J  G  J  M  U  S
M  E  I  C  N  O  M  O  M  T  V  Z  L  T  Y  B  I  O  E  D  H  G  T
T  J  G  R  X  A  T  A  E  E  E  E  C  S  D  I  M  T  B  E  Z  Y  U
M  P  I  D  D  W  L  I  P  N  G  E  L  S  L  E  Z  V  K  C  Z  V  Y
S  P  T  S  A  U  Y  I  O  I  N  A  Y  T  N  S  A  F  T  L  J  D  M
S  F  A  V  Y  P  Z  U  N  N  O  A  N  H  M  H  R  Y  U  Z  N  P
Z  I  L  U  K  S  Z  H  O  G  A  M  T  A  Z  F  T  A  T  T  E  G  T
S  R  D  S  F  M  J  C  G  T  J  L  U  U  M  F  D  O  O  T  U  M  S
F  Z  E  L  I  T  L  N  Q  O  G  D  W  D  R  E  R  C  Y  E  E  C  D
V  F  T  R  L  A  I  S  P  M  L  Q  T  E  Q  E  M  H  V  R  H  X  N
I  B  O  Q  I  T  P  H  F  U  L  U  R  U  L  E  W  I  B  I  D  F  K
A  D  X  C  T  B  Y  K  Z  S  T  G  A  D  D  L  Z  A  T  N  K  R  Y
U  N  O  E  T  C  F  O  A  I  Z  T  K  X  W  L  B  I  L  G  H  W  Q
N  S  S  S  L  Z  A  J  F  C  E  T  I  S  U  D  F  E  F  K  M  G  U
M  K  P  A  X  G  V  V  Y  S  B  V  H  Y  N  E  H  N  I  M  S  G  H
B  Z  M  T  C  I  H  T  L  A  E  H  L  A  T  N  E  M  K  N  J  H  B
K  H  A  R  T  H  E  R  A  P  Y  V  C  U  G  Y  P  D  W  G  W  K
J  U  T  Z  L  R  E  L  A  X  I  N  G  B  A  T  H  Q  C  S  F  D  X
T  C  Q  F  G  P  L  C  W  J  X  G  H  J  C  G  B  T  W  H  Y  T  V
R  G  A  B  U  D  B  D  H  M  W  H  W  D  S  A  W  Z  E  Q  Y  L  D
```

ADEQUATE SLEEP	ART THERAPY	DECLUTTERING
DIGITAL DETOX	EMOTIONAL WELL BEING	HOBBIES
JOURNALING	LISTENING TO MUSIC	MENTAL HEALTH
NATURE WALKS	READING	RELAXING BATH
SETTING GOALS	SOCIAL CONNECTION	TIME MANAGEMENT

Paper Trail

```
C L A D E N W K Q Q H Q H Q K O K O K Q K L K Q V
K R E P A P M U L L E V L V Z K R E K L F
F D T H E R M A L P A P E R H Y A X N C L
Y T N U X X R G D E R S V R R I F B H H T
U I P J Z X N E D B E F S E F U T I U A I
T S S I J P Q N P X P R P P B Q P P P F O
P S R R R S K U L A A A E A W Y A J E M Z
F U V E A M F G M M P W R P Y N P J G J T
D E Q P K P F H B S R Y T G A V E X F C J
D P R A X O B D S R E V T N I P R U Z G X
R A E P M D D E S E L H Z I I A E M M I L
Y P P D B Z L I E P O C K C R R Y T F S N
C E A N K N U Z X A O U S A J U P K T G V
K R P O O D Z C A P C J Q R A X C S O A R
T V T B S L Q I Y Y R P Z T L J J E W L M
Z N R O C P L P G S E M F V D O G D S E A
K A A Z H C A R D S T O C K P A P E R Y N
C I B A M P D E Q O A E N P O O A R M A B
Z B E R E H E K M L W C M G G Y H R Y V U
Y S O R W E U H X G G R H E N H C Y Y A L
O R E Y R R V Y G K F F E A X L S I W X T
```

ART PAPER
CARDSTOCK PAPER
KRAFT PAPER
SECURITY PAPER
TRACING PAPER

BOND PAPER
COPY PAPER
MATTE PAPER
THERMAL PAPER
VELLUM PAPER

CARBONLESS PAPER
GLOSSY PAPER
NEWS PRINT
TISSUE PAPER
WATERCOOLER PAPER

Pencil vs Pen 1

```
E G E L P E N E D A F X U E X B N V A L F E
P Y Y B H L F B E B Z R G S I T Q E A D M L
L F I G R Y H H W K N L M N P Q W K H F U Y
N F P S C F Z T X Z I E V P U C X F G L L W
N O K Y Y W N R A T H X P S Q B I T Y Y T I
E U F I R M N Y T R S R R L J B A L K M I W
P N E P L E G E L B A S A R E N V J P J F M
R T B H Y M R B P P G N H R H G K I Z C U U
E A J Z Z G Y E Z Y I V T T I W N G Z O N Q
N I N A E T N I T J H I H W G I X O D B C I
I N E L F K H U S J P P T V H I J K E P T J
L P P G O Z T Q T P J N A L L Z W Q Z N I X
E E L H P A K Z E V Y F S R I W N T N R O M
N N L Z T L O N E Y D S T B G U A H C Q N L
I F A U T G L U Q B B V G X H I E V Z X P Q
F A B P J B R U S H P E N V T I L O I N E D
G O R T R E T R A C T A B L E G E L P E N T
S U E V U N U G N X J A D L R U C L A X F V
Z K L N Q Q J N E P T N I O P L L A B C X F
Y A L O L B U B B X W H A N E P R E K R A M
Y V O N H A H F F R J D E R N C E J U T Q A
S C R S K Y O D F J N B Z F X Q C S M L T A
```

BALLPOINT PEN   BRUSH PEN   CALLIGRAPHY PEN
ERASABLE GEL PEN   FIBER TIP PEN   FINE LINER PEN
FOUNTAIN PEN   GEL PEN   GLITTER GEL PEN
HIGHLIGHTER PEN   MARKER PEN   MULTIFUNCTION PEN
NEON GEL PEN   RETRACTABLE GEL PEN ROLLERBALL PEN

Pencil vs Pen 2

```
N M C C J P I O A U S N S T T C G S Y X L O N
W E S O S U B K F Q R P O H J H C E K L I O N
I T P L D H K L H M Z K C M U H L C Y I C I A
E A R O I H I K I U Z O Z A F I I F T C N C O
G L C R Y C D M U C A H J E C G Q T A N E X A
H C L E H U N P M K N X S N Y H W W W E P J Y
D O I D B F B E Q E U E E C O L L P T P R Z J
O L C P E P H G P W R P P G N I U W S R A G R
W O N E O G T G Q R E C R L Y G H P T E L L A
M R E N G G H B S O A O B E H A B R T U I K
J P P C A O F C A V P L D L X T W E V N G Q P
B E L I T O P E J H E H O Q O E S U B E N D Z
A N A L G K R Z I A F I Y C S R I A V P A L U
S C O Y Y G Q T M X N R E T R P P E P R I P H
L I C N E P E L B A T C A R T E R E A A R G F
T L R Y M P Q E S K E Z H P T N T Z N C T Y D
F O A Z E I N I P X I B Z O U C H A D C L I K
E M H N T P Q D O B L Q R M G I V V W F I N U
H F C I E L M E C H A N I C A L P E N C I L D
M I C L X E W O R O A H R B Q K G M V K Y C M
L I C N E P H C T U L C T C W U N H W R A A Y
T Q K U N C I Y T N X K F O O T A U E G X G R
N I X M L D Z R C S U D D P C D L H G D Z F P
```

CARPENTER PENCIL
COLORED PENCIL
HIGHLIGHTER PENCIL
PASTEL PENCIL
TRIANGULAR PENCIL

CHARCOAL PENCIL
GRAPHITE PENCIL
MECHANICAL PENCIL
RETRACTABLE PENCIL
WATERCOLOR PENCIL

CLUTCH PENCIL
GREASE PENCIL
METAL COLOR PENCIL
SHIMMER COLOR PENCIL
WATERCOLOR PENCILS

Seeing Is Believing

```
J  N  I  G  H  D  E  P  U  W  C  P  A  B  Y  Q
Y  Q  D  N  J  T  A  E  E  E  E  M  D  H  V  M
P  Z  I  I  L  I  M  R  L  I  Z  N  S  R  B  J
N  K  M  E  B  R  K  C  K  V  A  W  T  E  L  U
T  O  R  E  O  E  Y  E  S  I  G  H  T  W  C  E
W  P  I  S  O  U  G  P  M  P  Y  Z  Y  C  V  J
N  T  N  T  G  T  J  T  H  C  T  A  W  I  Y  V
V  I  N  H  A  W  V  I  S  U  A  L  T  P  I  S
F  C  L  G  D  V  R  O  M  D  O  C  I  L  Z  E
A  A  R  I  I  C  R  N  W  Y  E  H  H  M  I  E
M  L  M  S  U  A  J  E  G  P  X  V  S  W  F  I
L  L  I  L  V  V  E  J  S  D  M  T  Q  T  R  N
F  O  Q  Y  O  V  M  R  V  B  A  Q  P  X  A  G
N  S  S  N  G  O  E  P  H  R  O  D  Q  N  X  N
Z  Y  A  Y  D  P  K  B  E  L  M  L  S  E  A  D
F  U  J  E  C  N  A  L  G  E  M  T  X  Y  A  L
```

EYESIGHT	GAZE	GLANCE
LOOK	OBSERVATION	OPTICAL
PERCEPTION	PERSPECTIVE	SEEING
SIGHTSEEING	STARE	VIEW
VISION	VISUAL	WATCH

Dig This

```
A J F T B K P N I D H B I J J G V R X W P W
S T K J R K Y U L H V R K J A W F C K D W J
Q T O X T N R Z C P F E N L D V G B A I F V
V F W D E F A R N V M M K V J I T A O Y U Z
T A T A O S M I Q G R Z N B P J V X S S M G
B W N P T C I U C V I L U K K A H S N U Y Y
L C A I I H D Q S O H V S R Z V Z Q R J P A
C N J M H I S C R E D V Q D Y K M C V U X W
F L P K U C O G C H T A W R O K G N A T X C
Z G C S A H F P L G S N P C R N B B P I L S
M V L S C E G O U A N V J P T S M W H H N T
Q I Y O A N I M L P K F G A A M P O C Y V O
L J E T N I Z P G L P I D R U C C Q T Y M N
H N T N T T A E M E A S T E R I S L A N D E
K A V D F Z Y I T R U W S F J C Y J Q I Y H
J C N D G A A I T Z I S T R Z F U H R S F E
H W S A Z I R E B S O W K A P T V B O E P N
F N S K F V P P E L W O W E E X H R U O C G
L S N E H T A F O S I L O P O R C A P W A E
X G T S Z L K C Z X R N O X N O G F N B I Z
M A C H U P I C C H U S K U H I L K F F R F
K Z X M O U G Q P T F C I Y U V U K J Q R I
```

ACROPOLIS OF ATHENS
CHICHEN ITZA
GREAT WALL OF CHINA
POMPEII
TEOTIHUACAN

ANGKOR WAT
COLOSSEUM
MACHU PICCHU
PYRAMIDS OF GIZA
TIKAL

CAPPADOCIA
EASTER ISLAND
PETRA
STONEHENGE
TROY

Power Play

```
U R S H F D I M D E D V T B I R Q E F V L L Y O
V K T S R B D F S L X P L C H X F I Q D S Z J
O C C Y T D T A S J W X N P G U S I B I Z M L M
I N Z A U V K A G A S L I N E S V Y E N E E F Q
X X E V L K G K A I F Z U X R P U Y R N X T K A
S J S H Y D F S N I A M R E T A W G O F A S O G
C Q R S E P I P E F N B B U M R L I P D N Y W A
Z T M E E M S I L A R M Z W O G C X T O U S Z C
O K A J G N Q T K Z A J U L D E F U I W Q N K C
K B O F H M I E C H P Q B E C M R T C Z M O N Q
Q U T W A T B L C U J E X F Y H A K S S T I F B
P B B R K I T S R O D I R R O C Y T I L I T U K
V V K Z X Z S R J E A T L Y I M E C H E B U E R
C F L E Y E T E R H W O S N N H E Z A N D B U I
A K R H C E I W X V P O U O K U G N E N U I S L
V N C C D X U E F M E M P Z R Y Y J T U W R H Q
G N A Y S Z D S R S M G N H K J W T O T H T S D
L I C M B R N E Y O J V A Z D G E G W X K S P J
U S C B E D O Q C V P Y K N M X I T S E Z I E M
V V Z D Z Y C E U N S R Y Z I R S B A C E D S Y
K O I C A B L E S J R O I F K A F S D R T H I H
T I Y K T E R G B Y D E B E V H R W C I Y D R F
G J U M T O Y O I B S A C A V X M D V E O A Z Q
A P W V A Q T F C G E D A W V X J U G K Z C Q T
```

ACCESS CHAMBERS   CABLES   CONDUITS

DISTRIBUTION SYSTEMS   DRAINAGE   DUCTS

FIBER OPTICS   GAS LINES   PIPES

POWER LINES   SEWERS   TELECOMMUNICATIONS

TUNNELS   UTILITY CORRIDORS   WATER MAINS

Water Wall

```
S  K  S  H  Y  Z  H  U  U  V  U  D  H  Q  C  D  K  F  M
M  A  D  I  R  H  E  T  Z  T  M  E  Z  Q  M  U  M  Q  L
O  R  M  Q  M  W  T  B  R  A  T  S  K  D  A  M  C  Y  T
G  I  A  A  A  W  M  G  F  N  T  M  G  R  D  R  I  I  L
G  B  D  M  D  B  O  A  Y  X  H  Z  J  G  N  E  N  U  V
M  A  S  A  O  E  Y  T  D  K  Q  Z  F  H  O  Y  S  C  V
L  D  E  V  B  Q  E  A  O  I  R  P  Z  T  Y  F  G  I  L
C  A  G  E  M  Y  R  L  S  H  R  U  C  T  N  N  B  K  H
H  M  R  W  O  T  T  M  U  W  X  U  U  D  A  G  U  W  C
R  C  O  M  S  K  A  H  M  O  A  G  G  M  C  Y  H  J  L
C  T  G  B  O  U  N  S  H  A  C  N  D  N  N  K  O  K  T
W  L  E  C  K  B  D  L  H  G  N  D  H  W  E  B  O  S  Q
L  I  E  P  A  A  A  L  U  A  B  G  N  I  L  A  V  R  J
W  O  R  Q  W  I  M  S  T  A  Y  J  L  A  G  D  E  H  N
N  L  H  C  R  N  A  Z  Y  F  D  W  N  A  R  H  R  Z  L
I  S  T  M  A  D  A  L  E  B  R  A  T  N  D  G  D  K  X
I  N  A  P  X  M  A  D  U  P  I  A  T  I  J  A  A  A  Y
D  P  E  D  S  I  A  I  N  U  R  E  K  D  A  M  M  J  M
I  V  G  J  T  R  I  K  T  O  I  F  A  K  K  P  G  Y  P
```

AKOSOMBO DAM   ASWAN HIGH DAM   BRATSK DAM
ERTAN DAM   GLEN CANYON DAM   GRAND COULEE DAM
GURI DAM   HOOVER DAM   ITAIPU DAM
KARIBA DAM   MANGLA DAM   NUREK DAM
TARBELA DAM   TEHRI DAM   THREE GORGES DAM

Lake House

```
S A F C Y S L C E B P T H P O I G T Q
K J Z W G Z F L Q L J J O R W F B N B
I A B A T O I R A T N O E K A L A L I
J R O I R E P U S E K A L N S U Z A K
K L Q G Y L O R N O B W A M D X F K A
P A A M L A L N B N H G K I A V V E E
D N Q F A K H U E M I G E H E S G O L
B D C Z K E A W N H P N T T M N B N A
R D E N E P Z B C Y X X A L E L K E K
E J T V B O O I X J H V N A K A K G E
S V C K A W M K I Z A V G K A K D A V
S P W B I E N M F F B O A E L E Q M I
A N L I K L E R U S D Q N E Y H C L C
N J W A A L Z S U A D C Y R P U F J T
E Y L G L D K M L T G M I I E R R Y O
K A B I R A K E K A L D K E F O W V R
A U W J K A K Y D X Y B A W H N F D I
L B F V O A J P A T L O V E K A L P A
N L S C L G E U S C J H G P K X Z V K
```

LAKE BAIKAL   LAKE ERIE   LAKE HURON
LAKE KARIBA   LAKE LADOGA   LAKE MEAD
LAKE MICHIGAN   LAKE NASSER   LAKE ONEGA
LAKE ONTARIO   LAKE POWELL   LAKE SUPERIOR
LAKE TANGANYIKA   LAKE VICTORIA   LAKE VOLTA

Elevation Exploration 1

```
B W Z T C D B E N W J N O T I E N S H A N V S
N K F J V R A S I H L H A U O V T E S B D L N
N V W L K R N T A T L O R D T V M E X W I R I
M D N M C Z W S T Z T A W S S E Q N S T F G A
Y U U X D Z J Q N V L G W J G H X E W P W O T
J M T O O P A S U M R U N N M S N R S F L X N
G K X I J H D Q O A D N A P E I M Y W Y V A U
P L E R Z H I U M R I R T M N E M P E J K C O
Z U Q O Q R N M N E E Q A N Q R R F L O I E M
C V G C T T A Z A D X J E K O R K A P R A N Y
H Q Z K A N M T I L P P D B E A H R L S G W K
X Q X I D R L V H K A F W I C N Z A G C L G C
L G N E D O I K T J G Y P W U E S U Y W T I O
J S S S U D W A Z Q U A E N V A B X W N S R
I V T Y T U H D P M J L O S N A V I E H Y Y D
R Y H A D U P E R B A M B Q Y D F G P R N N K
T B E L D A T L A S M O U N T A I N S V G N S
H R M M G M Z M C M V O I D A S U B B R I U H
G I J F K O M F T K I N T O B J P B M L L F M
H J R O X S N I A T N U O M S U S A C U A C B
D G P I G D F C U E B E K N C R L K J W Z U F
G M R C U I U Q G E C W I R Q Z N E Q T C D W
S G P N V J M A X R E O K U B X Y I D X H D F
```

ALPS

ANDES

ATLAS MOUNTAINS

CARPATHIAN MOUNTAIN

CAUCASUS MOUNTAINS

DRAKENSBERG

GREAT DIVIDE RANGE

HIMALAYAS

PENNINES

PYRENEES

ROCKIES

ROCKY MOUNTAINS

SIERRA NEVADA

TIEN SHAN

URAL MOUNTAINS

Elevation Exploration 2

```
G H R A R R T R K E G N A R M A R O K A R A K T
A V O R P G J O D F J F C R F X Z B L D P P O C
F D I N A R I C A L P S C Z U V A E T X M P A X
Y Z L H V D T K O U S I O L U N G K J H J A F T
F Z F I Y C O Y K X N U A Z F W R N O T I L I S
R U X X L A Z M R K I H S W R M O V B Q B A I W
O J Y Z T S B O F U A W T T P Q S Z N B N C L O
S T A Q E C C U T N T U M J A K M B J S Z H I M
X I F N E A R N D L N T O R M D O H H E P I P W
N C E P R D Z T P U U P U M I X U A F G O A R C
B R E R N E K A T N O K N H R M N X F N T N W P
G F U T R R L I K M M L T O M M T G P A U M Q Y
N O S K W A A N H O I A A X O O A Q G R Y O H N
F K D O Y N N S A U A Y I U U J I O L N I U G S
S R K I O G I E Y N T K N D N Q N A F A I N V I
H U H M S E F V V T L T S J T I S C V Y B T L U
F I B G D Q U K L A A H L U A S Z S Y A J A N U
J K E Q A U R O G I D C V N I A F A L L V I E G
H B H A A O X N N Y A A Y N L Z B Y A Y N X W
Z T I Z Y X Q S Q S P N A K S X A S T M X P V Z
H W I A K U V C A N D E S M O U N T A I N S K L
L F P Z T J X Q H E J E V W E P D G P H S M D L
J H Z Y C L N S V D L W E C P D W P Z H W B O
T F N L R M R P M Y L J O G F J F S R S L V L R
```

ALTAI MOUNTAINS
CASCADE RANGE
HIMALAYAN RANGE
PAMIR MOUNTAINS
SIERRA NEVADA

ANDES MOUNTAINS
COAST MOUNTAINS
KARAKORAM RANGE
PATAGONIAN ANDES
TIAN SHAN MOUNTAINS

APPALACHIAN MOUNTAIN
DINARIC ALPS
KUNLUN MOUNTAINS
ROCKY MOUNTAINS
ZAGROS MOUNTAINS

Elevation Exploration 3

```
S N U I A S K H G U B S J T E S L K U S O I N I
Q R I X W O E S G T E I A K W N H E C O Y F D V
Q H A A M R F G Z N C T W O F I C G U U S T B R
B Z Z C T A W C N D J Z Q G J A L N B T F F X L
S B U L T N E V E A X L K R V T Z A I H A B R I
O S I K S O U S O D R P D I I N R R D E Z W B X
J H O F M I I O R E K L V Z N U R S R R E Y P K
V J P B W M M Q M U L D L H Z O D K L N X O I C
I T X Q T Z V I L G U Y E E C M Z O Z A H B X O
R K D A K L M P E S R M U A N E O O S L S I G A
U L C I W S A A B N J E N H H N R R H P W V F S
N L Y U N U S K Q L M A B N G I O B Y S M B M T
G B N Y W A W Y E L D O W S M N B D F D C W D R
A R K B W P R P M I U J U O N N X J C T T V E A
M S S Z O Z N I A R D S U N G E G W B A F T X N
O X E R Q F Y N C D N N Y O T P K S R O M O J G
U I X G J F R V V Y A T T S P L A N A E P O R U E
N V R L H O M H Z A L F J R O P I P R U K X R U
T X B H C H N C I U E P F G Z G R N B D D X E U
A K E K M E G N A R A K S A L A V S S K Q N K S
I P I P O H S X L H W W A F W Y E P M W L J L N
N E U Y Y B D B A L K A N M O U N T A I N S K E
S J O A N Z F R N N A G M D S O B I I R D R Q T
G L W S D Y S N I A T N U O M S E E N E R Y P Q
```

ALASKA RANGE

APENNINE MOUNTAINS

BALKAN MOUNTAINS

BROOKS RANGE

CANADIAN ROCKIES
DRAKENSBERG

COAST RANGE

DINARIC ALPS

EUROPEAN ALPS

MACDONNELL RANGES

MOUNTAIN
PYRENEES MOUNTAINS

RWENZORI MOUNTAINS

SIMIEN MOUNTAINS

SOUTHERN ALPS

VIRUNGA MOUNTAINS

Elevation Exploration 4

```
L C M X M K C S P L A E S E N A P A J Y R L
B R P J R B U S N I A T N U O M A L I R W Z
V P J D S E D N A N A I V I L O B S M E L X
S X L O T O Z M L M R J E U L X R H W R X Z
Z V E N N A G H N U G B Q Z P S K H Z Z R T
Z A J G C F T X G S N R B I Q W E H P D R W
I W Y H E P I R N F U M X M L D E G I K Q Q
T T A L G E E G A W O T O Q V N M N V E H X
O F A M N O N X Z M K A K U G D J H L C I W
Q U W J A D S B K X O F Z D N H X B E Q M Z
B R N K R G H Z G K T U U H S T U T F Z A R
Q A A I I F A O Z Q E A N U N R A G R E L S
Z L A H L D N X B Y N D K T Z R J I L A A S
Q M E C L M M J J M T U G M A T B S N L Y W
I O C E A K O A O L D E O E Q I D K V S A F
J U Z A V D U U Y N D U I G N F N W V S N F
M N Y D A H N W I O N H S U E W T S W U R N
D T N Q R T T H R T R J N P B F E P X H A M
S A F W A W A K A I S H I M O U N T A I N S
O I M I O F I I R T K I R T H A R R A N G E
D N N I A T N U O M S A L T A I T N A T E L
O S R R Z S S X R Q C E X L W N J R K R A F
```

AKAISHI MOUNTAINS

ANTI ATLAS MOUNTAIN

ARAVALLI RANGE

BOLIVIAN ANDES

ELBURZ MOUNTAINS

HENGDUAN MOUNTAINS

HIMALAYAN RANGE

HINDU KUSH

JAPANESE ALPS

KIRTHAR RANGE

KUNLUN MOUNTAINS

RILA MOUNTAINS

TATRA MOUNTAINS

TIEN SHAN MOUNTAINS

URAL MOUNTAINS

Home Sweet Home 1

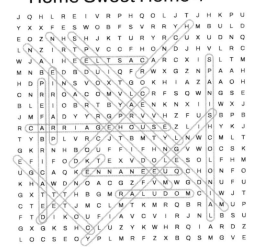

APARTMENT
EARTHSHIP
FEDERAL
GEORGIAN
HOUSE ON STILTS

BUNGALOW
ENGLISH TUDOR
FLOATING HOME
HEXAGONAL
HUF HAUS

CABIN
FARMHOUSE
FRENCH COUNTRY
HILLSIDE
I HOUSE

Home Sweet Home 2

A FRAME
ART NOUVEAU
DOUBLEWIDE
GOTHIC REVIVAL
LOG CABIN

ADOBE
CRAFTSMAN
GEODESIC DOME
HALL HOUSE
LOW RISE

ART DECO
DOME
GER
JAPANESE
MANSION

Home Sweet Home 3

ASYMMETRICAL
BEACH HOUSE
CAPE DUTCH
COURTYARD
ENFILADE

BARNDOMINIUM
BIRD HOUSE
CLUSTER
DUPLEX
GOTHIC

BAUHAUS
BROWNSTONE
CONTEMPORARY RUSTIC
ECOFRIENDLY
GREEK REVIVAL

Home Sweet Home 4

CAPE COD
COTTAGE
MODULAR
QUEEN ANNE
SPANISH COLONIAL

CARRIAGE HOUSE
MEDITERRANEAN
PRAIRIE
RANCH
SPLIT LEVEL

CASTLE
MID CENTURY MODERN
PREFABRICATED
SINGLEFAMILY
TENTED

Shoe-larious 1

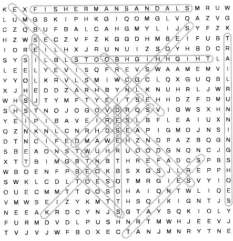

DESERT BOOTS
EMBELLISHED SANDALS
JELLIES
TENNIS SHOES
TRAINERS

DRIVING SHOES
FISHERMAN SANDALS
KITTEN HEELS
THIGH HIGH BOOTS
VELCRO

ELEVATOR SHOES
HIKING BOOTS
STILETTOS
TRAIL RUNNING SHOES
WADERS

Shoe-larious 2

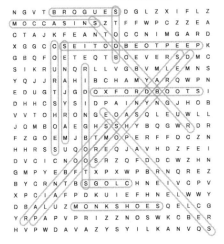

BOOTS
COURT SHOES
MARY JANES
OXFORD BOOTS
RAIN BOOTS

BROGUES
DERBY SHOES
MOCCASINS
PEEP TOE BOOTIES
RIDING BOOTS

CLOGS
ESPADRILLES
MONK SHOES
PLATFORM SANDALS
RUGBY BOOTS

Shoe-larious 3

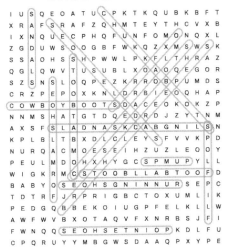

BROTHEL CREEPERS
COMBAT BOOTS
FOOTBALL BOOTS
POINTE SHOES
SADDLE SHOES

CHELSEA BOOTS
COWBOY BOOTS
FORMAL SHOES
PUMPS

CHUKKA BOOTS
FLIP FLOPS
OXFORDS
RUNNING SHOES
SLINGBACK SANDALS

Shoe-larious 4

ATHLETIC
BOAT
GLADIATOR SANDALS
HIGH HEELS
KUNG FU SHOES

BALLET
GETA SANDALS
GOLF SHOES
HUARACHES
LOAFERS

BALLET FLATS
GHILLIE BROGUES
HEELED SANDALS
JELLY SANDALS
MULES

Big Hair, Don't care 1

AFRO
BOB
CREW CUT
FRENCH BRAID
JHERI CURL

BANGS
BOX BRAIDS
CROWN BRAID
FRENCH TWIST
LAYERED HAIR

BEEHIVE
CORNROWS
FLIPPED OUT BOB
FROSTED TIPS
SPIKY HAIR

Big Hair, Don't Care 2

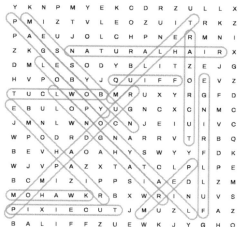

BOUFFANT
CHIGNON
DUTCH BRAID
HALF UP HALF DOWN
HIME CUT

BRAIDED UPDO
CURLY HAIR
FEATHERED HAIR
HIGH PONYTAIL
IVY LEAGUE CUT

BUN
DREADLOCKS
FINGER WAVES
HIGHLIGHTS
OMBRE

Big Hair, Don't Care 3

BOWL CUT
LONG HAIR
MOHAWK
PAGEBOY
POMPADOUR

EMO HAIR
LOW PONYTAIL
MULLET
PERM
QUIFF

FULL FRINGE
MESSY BUN
NATURAL HAIR
PIXIE CUT
RAZOR CUT

Vroom Vroom 1

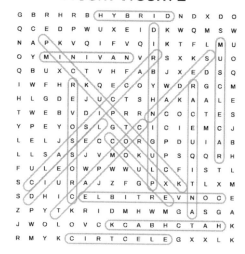

ANTIQUE CAR
CONVERTIBLE
DIESEL
HYBRID
PICKUP TRUCK

CLASSIC CAR
COUPE
ELECTRIC
MINIVAN
PLUG IN HYBRID

COMPACT
CROSSOVER
HATCHBACK
MUSCLE CAR
SEDAN

Vroom Vroom 2

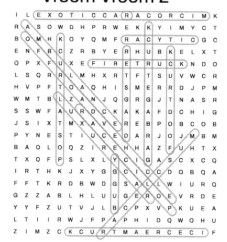

AMBULANCE
DRAGSTER
FOOD TRUCK
LUXURY CAR
OFF ROAD VEHICLE

BUGGY
EXOTIC CAR
GARBAGE TRUCK
MICROCAR
POLICE CAR

CITY CAR
FIRE TRUCK
ICE CREAM TRUCK
MUSCLE CAR
POSTAL TRUCK

Bookworm Bliss 1

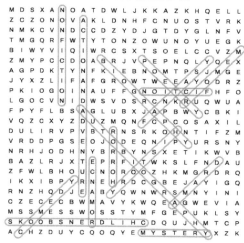

ACTION AND ADVENTURE
CHILDRENS BOOKS
FANTASY
HORROR
NON FICTION

AUTOBIOGRAPHY
COMEDY
FICTION
MEMOIR
POETRY

BIOGRAPHY
DRAMA
HISTORY
MYSTERY
ROMANCE

Bookworm Bliss 2

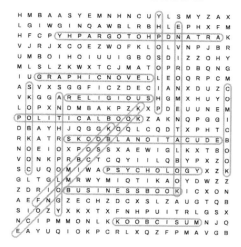

ANTHROPOLOGY
COMIC BOOK
EDUCATIONAL BOOKS
GRAPHIC NOVEL
POLITICAL BOOK

ART AND PHOTOGRAPHY
COOKBOOKS
ENVIRONMENTAL BOOK
MUSIC BOOK
PSYCHOLOGY

BUSINESS BOOK
ECONOMICS BOOK
FILM BOOK
PHILOSOPHY
RELIGIOUS

Bookworm Bliss 3

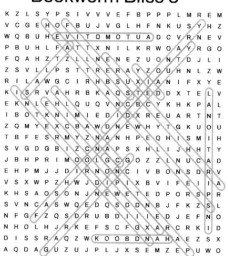

ALMANAC
AUTOMOTIVE
ENCYCLOPEDIA
GARDENING
INSPIRATIONAL

ARCHITECTURE
DICTIONARY
FASHION AND BEAUTY
HANDBOOK
INTERIOR DESIGN

ATLAS
DIY
FITNESS
HEALTH AND WELLNESS
PARENTING

Furniture Finds 1

ARMCHAIR
BOOKCASE
COFFEE TABLE
DINING TABLE
HUTCH

BAR STOOLS
BUFFET TABLE
CONSOLE TABLE
DISPLAY CABINET
KITCHEN ISLAND

BED
CHINA CABINET
DINING CHAIRS
END TABLE
OTTOMAN

Furniture Finds 2

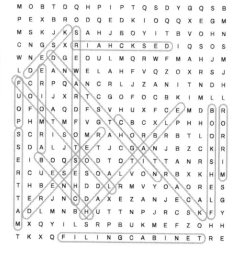

ARMOIRE
CHEST OF DRAWERS
DESK CHAIR
FOOTSTOOL
MIRROR

BENCH
COAT RACK
DRESSER
HALL TABLE
NIGHTSTAND

BOOKSHELF
DESK
FILING CABINET
MATTRESS
POUF

Furniture Finds 3

BUNK BED
CHAISE LOUNGE
COMPUTER DESK
CREDENZA
DAYBED
FIRE SCREEN
FIREPLACE MANTEL
FUTON
HEARTH RUG
HOME BAR
LOFT BED
LOVESEAT
MEDIA CONSOLE
MURPHY BED
OFFICE CHAIR

Road Trip 1

ALLEY
AVENUE
BOULEVARD
CIRCLE
CLOSE
COURT
CUL DE SAC
DRIVE
EXPRESSWAY
FREEWAY
HIGHWAY
LANE
MOTORWAY
PARKWAY
ROAD

Road Trip 2

ACCESS ROAD
BYWAY
CAUSEWAY
CRESCENT
CYCLEWAY
DIVIDED HIGHWAY
FOOTPATH
FRONTAGE ROAD
LANE
LIMITED ACCESS ROAD
MEWS
OVERPASS
PARADE
PLACE
SERVICE ROAD

Flower Power 1

COMPOST
FERTILIZER
GLOVES
HARVESTING
HOE
INSECTS
MULCHING
PESTICIDES
PLANTING
PRUNING
RAKE
SEEDS
SHOVEL
SOIL
SUNLIGHT

Flower Power 2

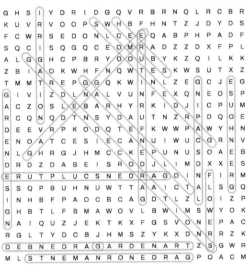

FLOWERS
GARDEN ART
GARDEN BED
GARDEN DECORATIONS
GARDEN DESIGN
GARDEN FURNITURE
GARDEN GNOME
GARDEN ORNAMENTS
GARDEN PLOT
GARDEN SCULPTURE
GARDEN TOOLS
GREENHOUSE
HERBS
IRRIGATION
LANDSCAPING

Artistic Adventure 1

ACRYLIC
BRUSH
BRUSHSTROKE
CANVAS
COLOR
EASEL
GESSO
HUE
MEDIUM
OIL
PAINT
PALETTE
PIGMENT
PRIMER
SATURATION

Artistic Adventure 2

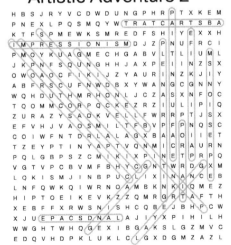

ABSTRACT ART
BLENDING
CHIAROSCURO
EXPRESSIONISM
GLAZING
IMPASTO
IMPRESSIONISM
LANDSCAPE
LAYERING
MONOCHROMATIC
PAINTING KNIFE
PAINTING SURFACE
PAINTING TECHNIQUES
PLEIN AIR PAINTING
PORTRAIT

Haute Couture 1

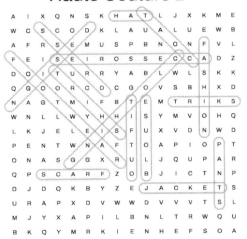

ACCESSORIES
BLOUSE
CLOTHING
COAT
DESIGN
DRESS
FASHION
FOOTWEAR
HAT
JACKET
OUTFIT
PANTS
SCARF
SHIRT
SKIRT

Haute Couture 2

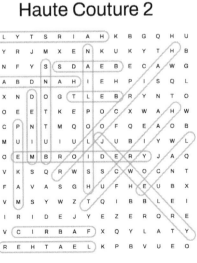

BEADS
BELT
BUTTONS
DENIM
EMBROIDERY
FABRIC
HAIR COLOR
HAIRCUT
HAIRSTYLE
HANDBAG
JEWELRY
LACE
LEATHER
MAKEUP
NAIL POLISH

Air Traffic

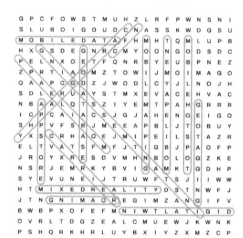

AEROBATIC PLANE
AMPHIBIOUS PLANE
CARGO HELICOPTER
CROP DUSTER
HELICOPTER

AIR AMBULANCE
BUSH PLANE
CARGO PLANE
DRONE
PASSENGER
HELICOPTER

AIR TANKER
BUSINESS JET
COMMERCIAL AIRLINER
GLIDER
PRIVATE JET

Ctrl+Atl+Del 1

AUGMENTED REALITY
CLOUD COMPUTING
EMAIL
LAPTOP
OPERATING SYSTEM

BIG DATA
COMPUTER
HARDWARE
MACHINE LEARNING
ROBOTICS

BLOCKCHAIN
CRYPTOCURRENCY
INTERNET
NETWORK
SMARTPHONE

Ctrl+Atl+Del 2

ALGORITHM
CONSOLE
DATA ENCRYPTION
GAMING
MALWARE

APP DEVELOPMENT
CONTROLLER
DRONE
HACKING
PROGRAMMING

CODING
CYBERSECURITY
FIREWALL
HEADSET
SMART HOME

Ctrl+Atl+Del 3

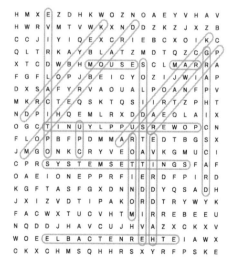

APP STORE
DIGITAL TWIN
INSTANT MESSAGING
MOBILE DATA
MOBILE PAYMENT

CARRIER
GEODATABASE
MIXED REALITY
MOBILE HOTSPOT
NFC

CARTOGRAPHY
GEOTAGGING
MOBILE APP
MOBILE MAPPING
ROAMING

Ctrl+Atl+Del 4

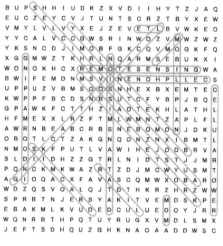

AUTONOMOUS VEHICLES
CELLULAR TOWER
LIDAR
MDM
MOBILE PLAN

BIO TECHNOLOGY
DATA TRANSMISSION
LOCATION TRACKING
MMS
REMOTE SENSING

CELL PHONE
INDOOR MAPPING
LTE
MOBILE NETWORK
SIM CARD

Ctrl+Atl+Del 5

ANTIVIRUS SOFTWARE
DATA BACKUP
EMULATOR
MACOS
SCANNER

CLOUD STORAGE
DATABASE
FTP CLIENT
MICROPHONE
SEARCH ENGINE

COMMAND PROMPT
EMAIL CLIENT
LINUX
MICROSOFT OFFICE
SPREADSHEET

Ctrl+Atl+Del 6

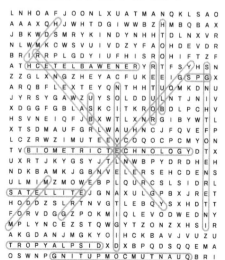

AUDIO JACK
GRAPHICS CARD
MONITOR
OPTICAL DRIVE
RAM

CPU
HARD DRIVE
MOTHERBOARD
POWER SUPPLY UNIT
SOLID STATE DRIVE

ETHERNET CABLE
KEYBOARD
MOUSE
PRINTER
SYSTEM SETTINGS

Ctrl+Atl+Del 7

BIOMETRIC TECHNOLOGY
DISPLAYPORT
HDMI
QUANTUM COMPUTING
ROUTER

BLUETOOTH
GPS
INTERNET OF THINGS
RENEWABLE ENERGY
SATELLITE

DIGITAL ELEVATION
GREEN TECHNOLOGY
MODEM
RENEWABLE TECH
USB

Sea Sponge 1

CLAM
JELLYFISH
MUSSEL
OTTER
SEAHORSE

CRAB
LOBSTER
NARWHAL
OYSTER
SEAL

DOLPHIN
MANATEE
OCTOPUS
SEA TURTLE
SHRIMP

Sea Sponge 2

ANGLERFISH
BLUE TANG
CUTTLEFISH
HORSESHOE CRAB
MORAY EEL

BARNACLES
CLOWNFISH
DUGONG
LIONFISH
NAUTILUS

BARRACUDA
CORAL
ELECTRIC EEL
MANTA RAY
PUFFERFISH

Fishy Business

ANCHOVY
CARP
HADDOCK
MAHI MAHI
PERCH

BARRAMUNDI
COD
HALIBUT
OCTOPUS
PIKE

BASS
GROUPER
MACKEREL
OYSTERS
SALMON

Shark Tank

ANGEL SHARK
BULL
GOBLIN SHARK
LEMON SHARK
PORBEAGLE SHARK

BLACKTIP
DOGFISH SHARK
GREAT WHITE
MAKO SHARK
SAND TIGER SHARK

BLUE SHARK
FRILLED SHARK
HAMMERHEAD
NURSE SHARK
SILKY SHARK

Whales

BAIRDS BEAKED WHALE
BLUE WHALE
FALSE KILLER WHALE
HUMPBACK WHALE
MINKE WHALE

BEAKED WHALE
BOWHEAD WHALE
FIN WHALE
KILLER WHALE ORCA
NARWHAL

BELUGA WHALE
BRYDES WHALE
GRAY WHALE
MELONHEADED WHALE
PILOT WHALE

Engineering Entanglements 1

ANALYSIS
CONSTRUCTION
DEVELOPMENT
MACHINE LEARNING
MECHANICS

BLUEPRINT
CONTROL SYSTEMS
DYNAMICS
MANUFACTURING
MECHATRONICS

CALCULATION
DESIGN
KINEMATICS
MATERIALS SCIENCE
OPTIMIZATION

Engineering Entanglements 2

CHEMICAL ENGINEERING
HEAT TRANSFER
OPTICAL ENGINEERING
RENEWABLE ENERGY
SOFTWARE
ENGINEERING

CIVIL ENGINEERING
MARINE ENGINEERING
POLYMER ENGINEERING
ROBOTICS
SYSTEMS ENGINEERING

FLUID DYNAMICS
NANOTECHNOLOGY
QUANTUM MECHANICS
ROBOTICS ENGINEERING
THERMOELECTRICITY

Blueprint 1

AESTHETICS
BUILDING CODES
DAYLIGHTING
ELEVATIONS
PROJECT MANAGEMENT

ARCHITECTURAL STYLES
BUILDING MATERIALS
DESIGN
FLOOR PLAN
SITE ANALYSIS

BLUEPRINT
BUILDING SCIENCE
DRAFTING
INTERIOR DESIGN
SITE PLAN

Blueprint 2

ACOUSTICS
BALUSTRADE
FENESTRATION
LIGHT AND SHADOW
POSTMODERNISM

ARCHITRAVE
COLUMN
GREEN BUILDING
MATERIALITY
RESTORATION

ART DECO
FACADE
HVA
PASSIVE SOLAR DESIGN
SKYSCRAPER

Blueprint 3

BIM
CLERESTORY
FACADE ENGINEERING
GLAZING
INTERIOR DETAILING

BUILDING ENVELOPE
CORNICE
FOUNDATION
GOTHIC
IONIC ORDER

CANTILEVER
DRAWING
GARGOYLE
GREEN ROOF
KEYSTONE

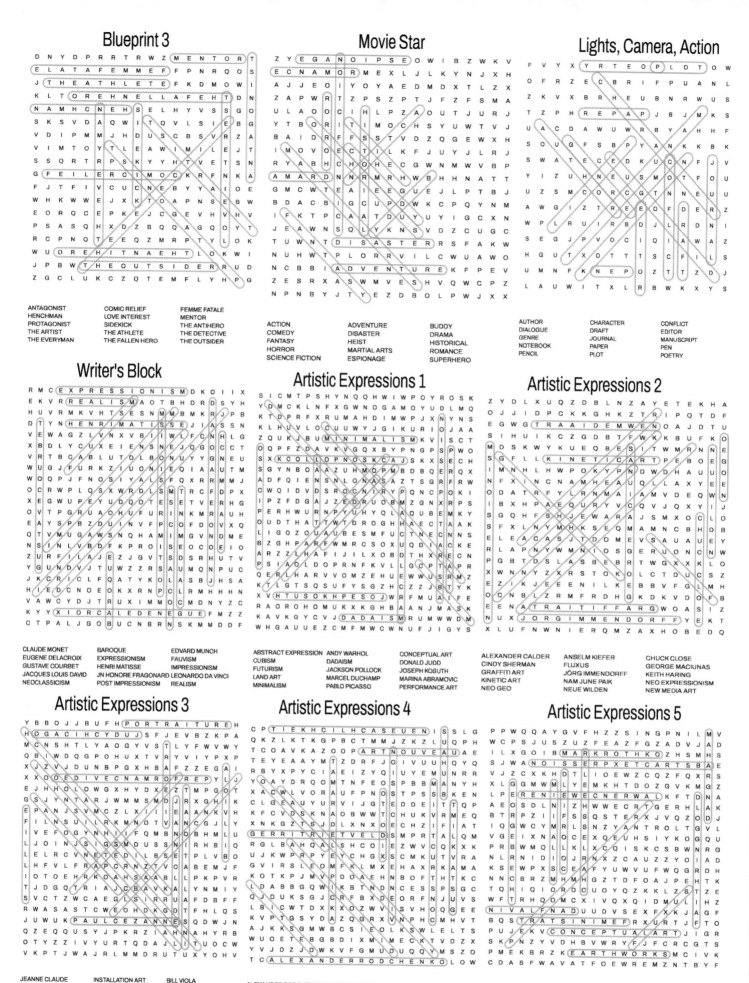

Blueprint 3

ANTAGONIST · COMIC RELIEF · FEMME FATALE
HENCHMAN · LOVE INTEREST · MENTOR
PROTAGONIST · SIDEKICK · THE ANTIHERO
THE ARTIST · THE ATHLETE · THE DETECTIVE
THE EVERYMAN · THE FALLEN HERO · THE OUTSIDER

Movie Star

ACTION · ADVENTURE · BUDDY
COMEDY · DISASTER · DRAMA
FANTASY · HEIST · HISTORICAL
HORROR · MARTIAL ARTS · ROMANCE
SCIENCE FICTION · ESPIONAGE · SUPERHERO

Lights, Camera, Action

AUTHOR · CHARACTER · CONFLICT
DIALOGUE · DRAFT · EDITOR
GENRE · JOURNAL · MANUSCRIPT
NOTEBOOK · PAPER · PEN
PENCIL · PLOT · POETRY

Writer's Block

CLAUDE MONET · BAROQUE · EDVARD MUNCH
EUGENE DELACROIX · EXPRESSIONISM · FAUVISM
GUSTAVE COURBET · HENRI MATISSE · IMPRESSIONISM
JACQUES LOUIS DAVID · JN HONORE FRAGONARD · LEONARDO DA VINCI
NEOCLASSICISM · POST IMPRESSIONISM · REALISM

Artistic Expressions 1

ABSTRACT EXPRESSION · ANDY WARHOL · CONCEPTUAL ART
CUBISM · DADAISM · DONALD JUDD
FUTURISM · JACKSON POLLOCK · JOSEPH KOSUTH
LAND ART · MARCEL DUCHAMP · MARINA ABRAMOVIC
MINIMALISM · PABLO PICASSO · PERFORMANCE ART

Artistic Expressions 2

ALEXANDER CALDER · ANSELM KIEFER · CHUCK CLOSE
CINDY SHERMAN · FLUXUS · GEORGE MACIUNAS
GRAFFITI ART · JÖRG IMMENDORFF · KEITH HARING
KINETIC ART · NAM JUNE PAIK · NEO EXPRESSIONISM
NEO GEO · NEUE WILDEN · NEW MEDIA ART

Artistic Expressions 3

JEANNE CLAUDE · INSTALLATION ART · BILL VIOLA
VIDEO ART · JUDY CHICAGO · FEMINIST ART
JOAN JONAS · PERFORMANCE VIDEO · JOHN CONSTABLE
LANDSCAPES · PAUL CEZANNE · STILL LIFE
JOHN SINGER SARGENT · PORTRAITURE · KAZIMIR MALEVICH

Artistic Expressions 4

ALEXANDER RODCHENKO · CONSTRUCTIVISM · GERRIT RIETVELD
DE STIJL · WASSILY KANDINSKY · BAUHAUS
GUSTAV KLIMT · ART NOUVEAU · TAMARA DE LEMPICKA
ART DECO · GUSTAV KLIMT · VIENNESE SECESSION
OTTO DIX · NEUE SACHLICHKEIT · DIEGO RIVERA

Artistic Expressions 5

ABSTRACT EXPRESSION · CHARLES SHEELER · COLOR FIELD
CONCEPTUAL ART · DAN FLAVIN · DAN GRAHAM
EARTHWORKS · FAITH RINGGOLD · FEMINIST ART
FLUXUS · GEORGE BRECHT · LAWRENCE WEINER
MARK ROTHKO · MINIMALISM · PERFORMANCE ART

Artistic Expressions 6

NIKI DE SAINT PHALLE • KINETIC ART • JEFF KOONS • NEO EXPRESSIONISM • BANKSY • NEW REALISM • BRIDGET RILEY • NEOGEO • BARBARA KRUGER • STREET ART • JESUS RAFAEL SOTO • OP ART • JULIAN SCHNABEL • POSTMODERNISM • LADY PINK

Hobbies

ACTING • COLORING • DRAWING • GRAPHIC DESIGN • PLAYING VIDEO GAMES • COLLECTING ANTIQUES • COOKING • EDITING PHOTOS • PAINTING • PROGRAMMING • COLLECTING COINS • DANCING • EDITING VIDEOS • PHOTOGRAPHY • READING

Soccer Slang 1

COUNTER ATTACKING • HIGH PRESS • LOW BLOCK • OVERLAPPING RUN • SHORT PASSING • DRIBBLING SKILLS • IN THE BOX • MIDFIELD BATTLE • POSSESSION PLAY • TEAMWORK • HEADING ABILITY • LONG PASSING • OFF THE BALL • SHOOTING TECHNIQUE • WING PLAY

Soccer Slang 2

DEFENSIVE MIDFIELDER • FOOTWORK • HOME CROWD • STAMINA • TEAM SPIRIT • DISCIPLINE • GAME INTELLIGENCE • LEADERSHIP • SUPPORTERS • THROUGH BALL • FALSE NINE • HOLDING MIDFIELDER • LONG BALL • TACTICAL AWARENESS • WINGBACK

Relationships

BELOVED • COMMITTED • DEPENDABLE • FUNNY • JOYOUS • BRILLIANT • COMMUNICATIVE • FAIR • GENUINE • LISTENING • COHESIVE • CONSIDERATE • FORGIVING • GIVING • LOVING

Love Language

ACCEPTING • ENCOURAGING • GROWING • INTERESTING • KEEN • COMFORTING • FOSTERING • HEALING • INTIMATE • RELIGIOUS • DOTING • GRATEFUL • IMPERFECT • INVENTIVE • RESPECTFUL

Mystery Of The Heart

ADAPTIVE • APPRECIATIVE • JOVIAL • SAFE • TOGETHERNESS • AFFECTIONATE • EXTRAVAGANT • REASONABLE • SHARING • UNSELFISH • AGREEABLE • HEALTHY • ROMANTIC • TENDER • WELCOMING

Hug & Seek

COMMITMENT • COMPROMISE • INTIMACY • PARTNERSHIP • RESPONSIBLE • COMMUNICATION • CONNECTION • LOYALTY • PEACEFUL • SUPPORT • COMPATIBILITY • FRIENDSHIP • OPENNESS • RESPECT • UNIQUE

Hug Me If You Can

ACCEPTANCE • BUILDING MEMORIES • EMOTIONAL BOND • INTERDEPENDENCE • QUALITY TIME • APOLOGY • CONFLICT RESOLUTION • GROWTH • MUTUAL GOALS • ROMANCE • BOUNDARIES • DEVOTION • INDEPENDENCE • MUTUAL INTERESTS • SACRIFICE

Tenderhearted

ACTIVE LISTENING
BUILDING DREAMS
ENCOURAGEMENT
INTUITION
SYMPATHY
BALANCE
COLLABORATION
EQUALITY
NURTURE
UNCONDITIONAL LOVE
BOND
COMPANIONSHIP
FLEXIBLE
SUPPORTIVENESS
VALIDATION

Support System

BREATH CONTROL
COOL DOWN
HILL RUNNING
RACING
STRIDE
CADENCE
CROSS COUNTRY
INTERVAL TRAINING
RUNNING GEAR
TRACK
CARDIOVASCULAR
FINISH LINE
PACE
RUNNING SHOES
TRAIL

Running Wild 1

CROSS TRAINING
HILL REPEATS
NUTRITION
RACE STRATEGY
SPLIT TIMES
FOAM ROLLING
HYDRATION
PERSONAL BEST
RECOVERY
STARTING BLOCKS
FORM
MEDALS
RACE BIB
RUNNERS HIGH
WATER STATIONS

Running Wild 2

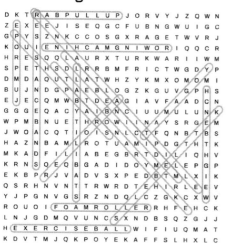

AB ROLLER
FOAM ROLLER
MEDICINE BALL
RESISTANCE BANDS
STATIONARY BIKE
ELLIPTICAL TRAINER
JUMP ROPE
PULL UP BAR
ROWING MACHINE
WEIGHT BENCH
EXERCISE BALL
KETTLEBELLS
PUSH UP BARS
STABILITY BALL
YOGA MAT

Calorie Burn 1

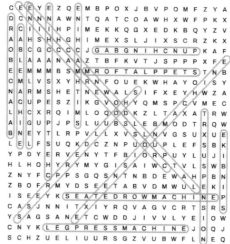

BALANCE BOARD
CROSSOVER MACHINE
LEG CURL MACHINE
SEATED ROW MACHINE
SPIN BIKE
CABLE MACHINE
EXTENSION MACHINE
LEG PRESS MACHINE
SHOULDER PRESS
STEP PLATFORM
CHEST PRESS MACHINE
LAT PULLDOWN MACHINE
PUNCHING BAG
SMITH MACHINE
TRX SUSPENSION

Calorie Burn 2

AGILITY LADDER
GLUTE MACHINE
POWER RACK
SANDBAG
STEPPER MACHINE
ANKLE WEIGHTS
INVERSION TABLE
PROWLER SLED
SLIDERS
WOBBLE BOARD
BATTLE ROPES
PILATES REFORMER
RESISTANCE MACHINES
STAIR CLIMBER
YOGA BLOCKS

Calorie Burn 3

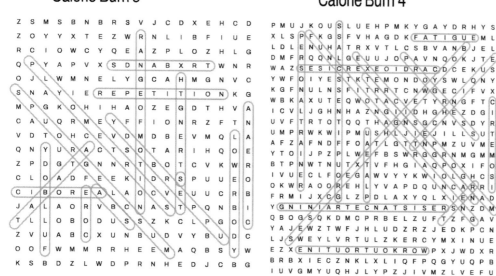

ABS
CORE
MUSCLE GROUPS
REPETITION
TABATA
AEROBIC
FULL BODY
PLYOMETRICS
SET
TRX BANDS
ANAEROBIC
LOWER BODY
RANGE OF MOTION
STRENGTH
UPPER BODY

Calorie Burn 4

BODYWEIGHT EXERCISES
FATIGUE
ISOMETRIC
PROGRESS
TECHNIQUE
CARDIO EXERCISES
FUNCTIONAL TRAINING
PERSONAL TRAINER
RESISTANCE TRAINING
TRAINING PLAN
EXERCISE PROGRAM
GROUP FITNESS CLASS
PLATEAU
REST
WORKOUT ROUTINE

Calorie Burn 5

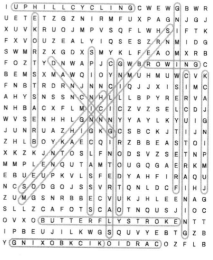

UPHILL CYCLING
OUTDOOR CYCLING
JUMPING JACK
DANCING
CARDIO KICKBOXING
SPINNING CLASSES
MOUNTAIN CLIMBERS
HIGH KNEES
CYCLING INTERVALS
BUTTERFLY STROKE
ROWING
KICKBOXING
FREESTYLE SWIMMING
CIRCUIT TRAINING
BREASTSTROKE

Take A Deep Breath

AROMATHERAPY, BEAUTY, BODY TREATMENT, FACIAL, HOT TUB, HYDROTHERAPY, JACUZZI, MASSAGE, PAMPERING, RELAXATION, RETREAT, SAUNA, STEAM ROOM, TRANQUILITY, WELLNESS

Relaxation Retreat 1

DETOXIFICATION, ESCAPE, EXFOLIATION, HEALTH, LUXURY, MANICURE, MASSAGING OILS, MEDITATION, PEDICURE, REBALANCE, REJUVENATION, RELAXING MUSIC, REVITALIZATION, SCRUB, STRESS RELIEF

Relaxation Retreat 2

BEAUTY TREATMENTS, COLD PLUNGE POOL, CUCUMBER SLICES, ESSENTIAL OILS, HERBAL TEA, MEDITATION ROOM, RELAXATION LOUNGE, SALT ROOM, SELF CARE, SPA ROBE, THERMAL BATHS, THERMAL ROOMS, TRANQUIL ENVIRONMENT, WELLNESS RETREAT, WELLNESS THERAPIES

Beauty Bliss 1

ALLURING, APPEALING, ATTRACTIVE, BEAUTIFUL, CAPTIVATING, EXQUISITE, FLAWLESS, GLAMOROUS, GORGEOUS, HANDSOME, LOVELY, MESMERIZING, PRETTY, STRIKING, STUNNING

Beauty Bliss 2

BEAUTY ROUTINE, CHARM, COSMETICS, ELEGANCE, ENCHANTING, FASHIONABLE, GLAMOUR, GROOMING, HAIRCARE, MAKEUP, POISE, POLISHED, SKINCARE, STYLISH, TRENDY

Scent Sensation 1

AROMA, BOUQUET, COLOGNE, EAU DE COLOGNE, EAU DE PARFUM, EAU DE TOILETTE, ESSENCE, FRAGRANCE, FRAGRANT, NOTES, ODOR, PARFUM, PERFUME, SCENT, TOP NOTES

Scent Sensation 2

ATOMIZER, BASE NOTES, BOTTLE, CITRUS, FLORAL, MIDDLE NOTES, ORIENTAL, PERFUMED, PERFUMER, PERFUMERY, SCENTED OILS, SIGNATURE SCENT, SPRAY, SPRITZ, VAPORIZER

Scent Sensation 3

AROMATIC, EXOTIC, FRAGRANCE FAMILY, FRESH, LONG LASTING, MUSKY, PERFUME BLEND, PERFUME COLLECTION, PERFUME HOUSE, PERFUME NOTES, SEDUCTIVE, SENSUAL, SPICY, SUBTLE, WOODY

Scent Sensation 4

AIRY, CALMING, CITRUSY, ENERGIZING, ENVELOPING, EVOCATIVE, INTOXICATING, INTRIGUING, INVIGORATING, LUXURIOUS, MYSTICAL, PERFUME AFICIONADO, PERFUME BOTTLE, SOOTHING, UPLIFTING

Bodily Clues 1

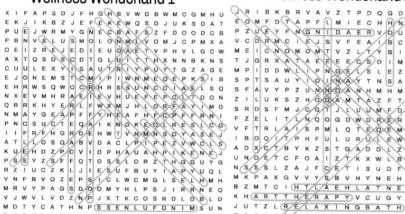

BODY GESTURES
BODY POSTURE
EYE CONTACT
HAND MOVEMENTS
PHYSICAL CUES

BODY MOVEMENTS
BODY SIGNALS
FACIAL EXPRESSIONS
MIRRORING
POSTURE

BODY POSITION
BODY STANCE
GESTURES
NODDING
SHRUGGING

Bodily Clues 2

CLENCHING FISTS
HANDSHAKES
LEANING FORWARD
POINTING
TAPPING FINGERS

CROSSING ARMS
HEAD TILTING
LEG CROSSING
RUBBING HANDS
TOUCHING FACE

FROWNING
LEANING BACK
OPEN PALMS
SMILING
WINKING

Bodily Clues 3

BODY ORIENTATION
HIGH FIVES
MIRCOEXPRESSIONS
POWER POSES
THUMBS UP

FOOT POINTING
HUGGING
NERVOUS HABITS
PROXIMITY
VOCAL TONE

FOOT TAPPING
INVOLUNTARY
MOVEMENT
PERSONAL SPACE
PUPIL DILATION
VOICE VOLUME

Wellness Wonderland 1

BREATHING EXERCISES
INNER PEACE
POSITIVE AFFIRMATION
SELF CARE ROUTINE
SELF COMPASSION

HEALTHY EATING
MINDFULNESS
SELF CARE PRACTICES
SELF ACCEPTANCE
SELF LOVE

HYGIENE
NOURISHMENT
SELF CARE RITUALS
SELF AWARENESS
SPA DAY

Wellness Wonderland 2

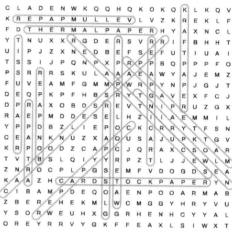

ADEQUATE SLEEP
DIGITAL DETOX
JOURNALING
NATURE WALKS
SETTING GOALS

ART THERAPY
EMOTIONAL WELL BEING
LISTENING TO MUSIC
READING
SOCIAL CONNECTION

DECLUTTERING
HOBBIES
MENTAL HEALTH
RELAXING BATH
TIME MANAGEMENT

Paper Trail

ART PAPER
CARDSTOCK PAPER
KRAFT PAPER
SECURITY PAPER
TRACING PAPER

BOND PAPER
COPY PAPER
MATTE PAPER
THERMAL PAPER
VELLUM PAPER

CARBONLESS PAPER
GLOSSY PAPER
NEWS PRINT
TISSUE PAPER
WATERCOOLER PAPER

Pencil vs Pen 1

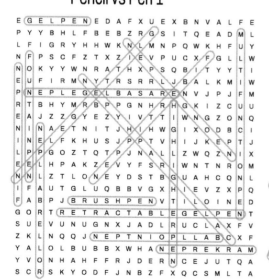

BALLPOINT PEN
ERASABLE GEL PEN
FOUNTAIN PEN
HIGHLIGHTER PEN
NEON GEL PEN

BRUSH PEN
FIBER TIP PEN
GEL PEN
MARKER PEN
RETRACTABLE GEL PEN

CALLIGRAPHY PEN
FINE LINER PEN
GLITTER GEL PEN
MULTIFUNCTION PEN
ROLLERBALL PEN

Pencil vs Pen 2

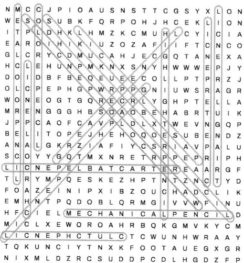

CARPENTER PENCIL
COLORED PENCIL
HIGHLIGHTER PENCIL
PASTEL PENCIL
TRIANGULAR PENCIL

CHARCOAL PENCIL
GRAPHITE PENCIL
MECHANICAL PENCIL
RETRACTABLE PENCIL
WATERCOLOR PENCIL

CLUTCH PENCIL
GREASE PENCIL
METAL COLOR PENCIL
SHIMMER COLOR PENCIL
WATERCOLOR PENCILS

Seeing Is Believing

EYESIGHT
LOOK
PERCEPTION
SIGHTSEEING
VISION

GAZE
OBSERVATION
PERSPECTIVE
STARE
VISUAL

GLANCE
OPTICAL
SEEING
VIEW
WATCH

Dig This

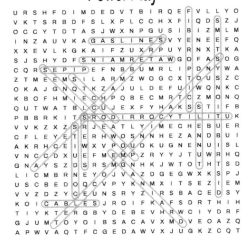

ACROPOLIS OF ATHENS
CHICHEN ITZA
GREAT WALL OF CHINA
POMPEII
TEOTIHUACAN

ANGKOR WAT
COLOSSEUM
MACHU PICCHU
PYRAMIDS OF GIZA
TIKAL

CAPPADOCIA
EASTER ISLAND
PETRA
STONEHENGE
TROY

Power Play

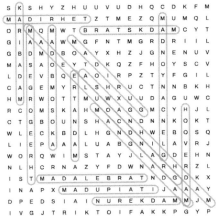

ACCESS CHAMBERS
DISTRIBUTION SYSTEMS
FIBER OPTICS
POWER LINES
TUNNELS

CABLES
DRAINAGE
GAS LINES
SEWERS
UTILITY CORRIDORS

CONDUITS
DUCTS
PIPES
TELECOMMUNICATIONS
WATER MAINS

Water Wall

AKOSOMBO DAM
ERTAN DAM
GURI DAM
KARIBA DAM
TARBELA DAM

ASWAN HIGH DAM
GLEN CANYON DAM
HOOVER DAM
MANGLA DAM
TEHRI DAM

BRATSK DAM
GRAND COULEE DAM
ITAIPU DAM
NUREK DAM
THREE GORGES DAM

Lake House

LAKE BAIKAL
LAKE KARIBA
LAKE MICHIGAN
LAKE ONTARIO
LAKE TANGANYIKA

LAKE ERIE
LAKE LADOGA
LAKE NASSER
LAKE POWELL
LAKE VICTORIA

LAKE HURON
LAKE MEAD
LAKE ONEGA
LAKE SUPERIOR
LAKE VOLTA

Elevation Exploration 1

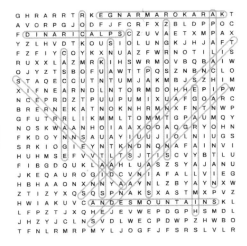

ALPS
CARPATHIAN MOUNTAIN
GREAT DIVIDE RANGE
PYRENEES
SIERRA NEVADA

ANDES
CAUCASUS MOUNTAINS
HIMALAYAS
ROCKIES
TIEN SHAN

ATLAS MOUNTAINS
DRAKENSBERG
PENNINES
ROCKY MOUNTAINS
URAL MOUNTAINS

Elevation Exploration 2

ALTAI MOUNTAINS
CASCADE RANGE
HIMALAYAN RANGE
PAMIR MOUNTAINS
SIERRA NEVADA

ANDES MOUNTAINS
COAST MOUNTAINS
KARAKORAM RANGE
PATAGONIAN ANDES
TIAN SHAN MOUNTAINS

APPALACHIAN MOUNTAIN
DINARIC ALPS
KUNLUN MOUNTAINS
ROCKY MOUNTAINS
ZAGROS MOUNTAINS

Elevation Exploration 3

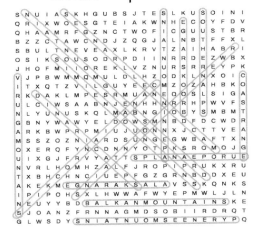

ALASKA RANGE
BROOKS RANGE
DINARIC ALPS
MACDONNELL RANGES
SIMIEN MOUNTAINS

APENNINE MOUNTAINS
CANADIAN ROCKIES
DRAKENSBERG MOUNTAIN
PYRENEES MOUNTAINS
SOUTHERN ALPS

BALKAN MOUNTAINS
COAST RANGE
EUROPEAN ALPS
RWENZORI MOUNTAINS
VIRUNGA MOUNTAINS

Elevation Exploration 4

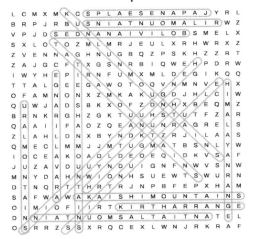

AKAISHI MOUNTAINS
BOLIVIAN ANDES
HIMALAYAN RANGE
KIRTHAR RANGE
TATRA MOUNTAINS

ANTI ATLAS MOUNTAIN
ELBURZ MOUNTAINS
HINDU KUSH
KUNLUN MOUNTAINS
TIEN SHAN MOUNTAINS

ARAVALLI RANGE
HENGDUAN MOUNTAINS
JAPANESE ALPS
RILA MOUNTAINS
URAL MOUNTAINS

Made in the USA
Middletown, DE
23 January 2024

48086455R00062